Jungfrau

24. August–23. September

P. Michel / A. Wagner

Jungfrau

24. August–23. September

tosa

Inhalt

Vorwort

Wenn Sie jetzt dieses Buch in Händen halten, so sind Sie höchstwahrscheinlich eine Jungfrau oder zumindest am Sternzeichen Jungfrau interessiert. Vielleicht leben Sie eine temperamentvolle Beziehung mit einer Jungfrau oder möglicherweise ist Ihr Chef eine Jungfrau. Zumindest möchten Sie etwas mehr über die Jungfrau erfahren.

Es ist immer eine spannende Angelegenheit, etwas über sich selbst oder eine andere Jungfrau zu erfahren. Die nachfolgenden Seiten wollen Ihnen einen Gesamtüberblick über die vielfältigen Seiten der Jungfrau vermitteln. Wenn Sie selbst eine Jungfrau sind, haben Sie sich wahrscheinlich ohnehin schon über das Inhaltsverzeichnis mit dem Buch vertraut gemacht. Trotzdem sollte das Buch bei der Lektüre noch einige Überraschungen für Sie bereithalten. Vielleicht wird es Sie auch das eine oder andere Mal zum Schmunzeln bringen. Das ist so beabsichtigt!

Das ***Sternzeichen*** eines Menschen zeigt uns dessen bestimmte Merkmale auf, es kann allerdings kein vollständiges Bild einer Persönlichkeit liefern. Dazu bedarf es eines umfassenden Horoskops.

Es wird Ihnen sicher schon aufgefallen sein, dass es auch innerhalb eines Sternzeichens unterschiedliche Menschen gibt. Das zeigt uns, dass man nicht alle Widder, Stiere oder Jungfrauen über einen Kamm scheren kann. Trotzdem lassen sich viele verblüffende Ähnlichkeiten feststellen, die viel zu eindeutig sind, um als Zufall erklärt zu werden. Bestimmte Muster kehren innerhalb eines Sternzeichens immer wieder. Deshalb lohnt es sich, etwas mehr über die verschiedenen Aspekte eines Sternzeichens zu verstehen. Wenden wir uns also der geheimnisvollen Welt der Jungfrau zu.

Einleitung

Gehören auch Sie zu jenen Menschen, die zwar ihren Freunden und Kollegen gegenüber stets betonen, nichts von dieser „Sterndeuterei" zu halten, aber heimlich doch fast jedes Illustriertenhoroskop lesen? Natürlich nur zum Spaß!

Wir vermuten einmal, Sie haben ein gewisses Interesse an der Astrologie, kennen sich aber noch nicht sehr gut aus. Daher sind die nachstehenden Gedanken über die Wissenschaft der Astrologie für Sie vielleicht hilfreich, um Ihnen zumindest Grundkenntnisse der alten Sternenweisheit zu vermitteln. Außerdem versprechen wir Ihnen mehr Freude am Lesen als bei den etwas eintönigen Zeitschriften-Horoskopen!

Wenn Sie zu den Befürwortern der Astrologie gehören – und ihre Zahl nimmt bekanntlich ständig zu – werden Sie mit diesem Buch endlich genügend Argumente in die Hand bekommen, um Ihren Freunden und Kollegen zu beweisen, warum sich die Widder-Frau aus der Buchhaltung mit dem Jungfrau-Abteilungsleiter so in die Haare bekommen konnte.

Das Grundwissen

Normalerweise weiß jeder Mensch, zu welchem Sternzeichen er gehört. Das Tierkreiszeichen richtet sich nach dem Stand der Sonne zum Zeitpunkt Ihrer Geburt. Wenn Sie also beispielsweise am 10. März geboren sind, gehören Sie, astrologisch gesprochen, zu den Fischen. Denn an diesem Tag stand die Sonne im Zeichen der Fische. Wurden Sie dagegen am 10. April geboren, sind Sie astrologisch ein Widder. Sie finden normalerweise ganz schnell heraus, zu welchem Zeichen Sie gehören, es sei denn, Sie fallen genau in den Wechsel zwischen zwei Zeichen, dann kann es von Bedeutung sein, Ihre Geburtsstunde genau zu ermitteln und einen Astrologen zu befragen, zu welchem Zeichen Sie gehören.

Der Sonnenstand, also Ihr Sternzeichen, gibt Ihnen Auskunft darüber, wie Sie „in Ihrem Inneren“ wirklich sind. Die Astrologie, wenn sie ernsthaft betrieben wird, vermag natürlich weitaus mehr über die Persönlichkeit eines Menschen auszusagen, aber wir wollen es in diesem Buch einmal beim Sonnenstand, dem Sternzeichen und dem Stand des Mondes bewenden lassen. Als Hinweis für die etwas Fortgeschritteneren unter den Lesern sei nur erwähnt, dass der „Aszendent“ zum Ausdruck bringt, wie Sie der Umwelt gegenüber erscheinen, während die Stellung des Mondes, auf die wir im Kapitel 8 näher eingehen, im Horoskop wesentlich für Ihr Seelenleben und Ihre Gefühlswelt ist.

Es ist keine große Mühe, den Aszendenten und die Stellung des Mondes im Horoskop zu ermitteln. Selbst ein Astrologieautomat am Bahnhof oder Flughafen druckt Ihnen schnell diese Daten aus, wenn Sie ihn mit Ihrem Geburtsdatum und Ihrem Geburtsort füttern. Mit unserer Sternzeichen-Serie haben Sie dann das Werkzeug in der Hand, um mehr über sich selbst zu erfahren.

Die Geschichte der Astrologie

Das Wort „Astrologie" setzt sich aus den beiden griechischen Wörtern „Astron" (Stern) und „Logos" (Wort, Weisheit) zusammen. Wenn man es wörtlich übersetzen möchte, könnte man von der „Sprache der Sterne" oder besser von der „Sternenweisheit" sprechen.

Das wichtigste Grundwerkzeug für die Astrologie ist das Horoskop, ein weiteres Wort aus dem Griechischen, das am treffendsten mit „Stundenzeiger" übersetzt wird. Im Horoskop wird nach astronomischen Grundsätzen die Stellung der Gestirne im Augenblick der Geburt aufgezeichnet. Da es einige schnell laufende Planeten gibt, können manchmal wenige Minuten ein deutlich verändertes Horoskop ergeben. Es ist daher für eine eindeutige astrologische Deutung wichtig, möglichst genau die Geburtszeit zu ermitteln. Sollten also demnächst einige dieser Sternenkinder bei Ihnen vorbeischauen, versuchen Sie auch in der Aufregung der Geburt mit einem Auge auf die Uhr zu schauen. Sie werden später dafür dankbar sein – und Ihre Kinder auch!

Die Ursprünge

Die Anfänge der Astrologie verlieren sich im Dunkel der Geschichte. Zu allen Zeiten hat das sternenübersäte Himmelszelt die Menschen mit Ehrfurcht erfüllt. Viele Religionen haben sogar Gott oder die Götter am Sternenhimmel angesiedelt, denn die Menschen suchten stets nach einem „sichtbaren" Ausdruck dieser verborgenen Kräfte, von deren Wirken sie nichts wussten.

Die Babylonier, etwa im 4. Jahrtausend v. Chr., scheinen die Ersten gewesen zu sein, die sich die Frage stellten, ob die Bewegung der Gestirne möglicherweise eine verborgene Botschaft der Götter darstellte. Also begannen sie, die Bewegung der Lichter am Sternenhimmel aufzuzeichnen – und sie stellten eine gewisse Regelmäßigkeit fest. Was lag also näher, als die Gesetzmäßigkeiten festzuhalten. So entstand der erste Kalender!

Die Ägypter, von deren tiefem Wissen heute nur noch die Pyramiden und einige alte Tempelruinen Zeugnis ablegen, waren historisch die Nächsten, etwa 2500 v. Chr., die sich in die Deutung der Gestirne vertieften. Sie kleideten ihr Wissen in Mythen und Sagen, aber die eingeweihten Priester vermochten diese zu deuten und ihren tiefen Sinn zu entschlüsseln. Zu jener Zeit war das astrologische Wissen nur wenigen Eingeweihten vorbehalten.

Wenn C. G. Jung, der große Psychologe, später diese Sternenweisheit als den „symbolischen Ausdruck für das innere, unbewusste Drama der Seele" bezeichnete, so fand er nur neue Worte für ein altes Wissen.

Nach den Ägyptern kamen die Griechen. Auch sie versuchten, die Beobachtung des Sternenhimmels zum Erkennen des Schicksals heranzuziehen. Die große griechische Kultur gab der Astrologie, wie auch der gesamten abendländischen Kultur, ihre im Wesentlichen heute noch gültige Form. Sie befinden sich also, wenn Sie die Astrologie ernst nehmen, in bester Gesellschaft!

Die Geburtsastrologie

Die Griechen waren es, die erkannten, dass auch die unregelmäßigen Vorgänge am Sternenhimmel, die scheinbar „unberechenbaren" Bewegungen der Gestirne, die den Babyloniern als „Omen" gegolten hatten, bestimmten Gesetzmäßigkeiten gehorchten und daher vorausberechenbar waren. Von diesem Augenblick an verlor die Anschauung, dass die Götter den Menschen so ein Zeichen geben wollten, ihre Anhänger. Die alten Sterndeuter begannen, eine individuelle Geburtsastrologie zu entwickeln.

Wichtig für das Verständnis der modernen Astrologie wurde in diesem Zusammenhang ein Satz von Thomas von Aquin: „Die Sterne machen geneigt, aber sie zwingen nicht!" Diese Erkenntnis setzte sich in weiten Kreisen allmählich durch und findet auch heute immer mehr Anhänger. Damit wird für den einzelnen Menschen deutlich, welche Bedeutung das astrologische Wissen für ihn besitzt. Es hilft ihm, Anlagen, Neigungen, Begabungen oder Talente zu erkennen und zu fördern. Gleichzeitig kann ihn die Astrologie auf Schwächen, Gefährdungen oder problematische Neigungen hinweisen. Immer aber bleibt es in der Verantwortung des einzelnen Menschen, sein Leben selbst in die Hand zu nehmen!

Die Tierkreiszeichen im Laufe eines Jahres

Der ***Widder***, das erste Zeichen im Tierkreis, steht für den drangvollen, stürmischen Beginn des Frühlings. Da mit der Frühlings-Tagundnachtgleiche etwas Neues beginnt, setzten die Astrologen der Antike den Widder an die erste Stelle im Tierkreis. Der Winter wird kraftvoll vertrieben. Alles kommt natürlich viel zu früh. Die Krokusse stecken schon ihre Köpfchen durch die Erde, wenn noch Schneeflocken durch die Luft wirbeln. Aber so ist es ja immer beim Widder. Er ist nicht zu bremsen, und schließlich überwindet er ja auch Schnee und Eis und verhilft dem Frühling zum Durchbruch.

Dann kommt der ***Stier*** und bringt den Frühling in voller Pracht zum Ausdruck. Der „Wonnemonat" Mai beginnt. Es ist eine Zeit der Sinnlichkeit und der Hingabe. Menschen vertrauen einander, sind gutmütiger als normal; aber sie sind auch stärker materiell ausgerichtet. Alles wird etwas gelassener und langsamer.

Als Letzte im Frühling treffen wir die ***Zwillinge***. Mit ihnen geht der maienhafte Frühling und die Baumblüte setzt ein. Die Verästelungen bilden sich und alles wird komplizierter. Aber die Zwillinge bringen auch Wachstum, Zergliederung und Oberflächlichkeit.

Der ***Krebs*** kommt mit der Sommersonnenwende. Der Sommer beginnt. Die Tage sind am längsten, die Nächte nur kurz. Die Wachstumskräfte treten nach außen und die Samenbildung beginnt. Die Empfindsamkeit und die Empfindlichkeit nehmen zu, aber auch die Empfänglichkeit und das Schwankende. All dies werden Sie beim Sternzeichen Krebs wiederfinden!

Den ***Löwen*** finden wir in der Mitte des Sommers. Die Früchte werden reif und die Sonne durchglüht die Erde. Es ist die heißeste Zeit des Jahres und die Natur erstrahlt in sommerlicher Fülle. Herzens- und Willensmenschen sind jetzt in ihrem Element. Alles strotzt vor Selbstbewusstsein, Großzügigkeit und überschäumender Lebenskraft.

Mit der ***Jungfrau*** geht der Sommer zur Neige. Der Himmel ist strahlend klar und blau. Die Erntezeit beginnt. Die Natur stellt sich auf den Beginn eines neuen Lebenszyklus ein. Jetzt geht es um das Ordnen, Sichten und Unterscheiden. Eine sachliche Einstellung ist wichtig, um die Ernte wohlbehalten einzubringen. Es ist von entscheidender Bedeutung, vorsichtig vorzugehen. Man darf nicht zu früh und nicht zu spät ernten. In diesem Geschehen kann eine gewisse Ängstlichkeit heranwachsen.

Mit der ***Waage*** beginnt der Herbst. Tage und Nächte sind gleich lang. Die Winterhälfte des Jahres hält ihren Einzug. Noch halten sich sommerliche Wärme und winterliche Kälte das Gleichgewicht, und noch immer ist der Himmel hell und freundlich. Die Waage bringt zudem eine wahre Blumenpracht mit sich. Die Sonnenuntergänge zeigen ein herrliches Lichtspiel und das Streben nach Harmonie ist besonders ausgeprägt. Ein großer Schaffensdrang steht in Konflikt mit mangelnder Durchsetzungskraft. Dafür finden wir bei der Waage ein feines Anpassungsvermögen.

Der ***Skorpion*** ist der „Todesmonat". Er bringt steigende Morgen- und Abendnebel. Das letzte Laub fällt von den Bäumen. Der Skorpion hinterlässt kahle Bäume; aber dennoch zeigen sich an einigen Ästen bereits wieder zarte Knospen. Es ist eine Zeit des Sterbens und Werdens. Der Skorpion ist zäh und ausdauernd. Er bringt alle Dinge schnell auf den Punkt. Bei ihm finden sich offene Aggressivität und leidenschaftliche Hingabe sowie ein grüblerischer Erkenntnistrieb.

Mit dem ***Schützen*** neigt sich der Herbst dem Ende zu. Der Winter sendet seine Vorboten über das Land. Der Todesschlaf der Natur kündigt sich bereits an. Die Dämmerungen bringen eine gewisse Schwermütigkeit; aber die Vorweihnachtszeit schenkt etwas Licht. Die Felder sind kahl und verlassen, die Beete abgeerntet und die Gärten leer. Die Stimmung des Schützen ist jedoch voller Idealismus, und deshalb haben es wohltätige Veranstaltungen in der Adventszeit leichter! Religion und Sinnsuche streben ihrem Höhepunkt zu.

Der ***Steinbock*** bringt das Weihnachtsfest und die Wintersonnenwende. Die längsten Nächte des Jahres sind zu überstehen. Das Licht kämpft mit der Finsternis, um neu ins Leben zu treten. In der Natur herrscht völlige Lebensstarre. Die Welt ist von Eis und Schnee bedeckt. Die Luft ist schneidend und von klirrender Kälte. Der Steinbock kämpft sich jedoch mit unermüdlicher Beharrlichkeit durch. Wir finden zudem Entsagung, Konzentrationsfähigkeit und Sachlichkeit bei ihm, die allerdings mit Teilnahmslosigkeit und Hochmut einhergehen können.

Im *Wassermann* steht der Winter in voller Blüte. Alles Leben ist unter Schnee und Eis verborgen. Am Tage kann die Wintersonne hell blenden, in der Nacht sind die Sterne klar zu erkennen. Es ist die kälteste Zeit des Jahres. Die weiße Schneedecke vermittelt ein Gefühl von Freiheit und Unbegrenztheit. Dem Wassermann sind gesellschaftliche Normen unwichtig; er lebt seinen totalen Freiheitstrieb.

Im Zeichen der *Fische* geht der Winter in den Frühling über. Die Fastenzeit beginnt und die Schneeschmelze setzt ein. Alles Erstarrte löst sich und alles Tote wird zu neuem Leben erweckt. Der Erdboden weicht auf und der menschliche Körper wird verwandelt. Im Zeichen der Fische kommt es auch zu den meisten Todesfällen! Die Fische neigen zudem zu einer Flucht aus der realen Welt. Unter den Fischen finden wir allerdings auch viele Gemütsmenschen mit echter Nächstenliebe.

Damit ist unsere kurze Wanderung durch die Tierkreiszeichen abgeschlossen und wir können uns jetzt genauer mit dem sechsten Zeichen beschäftigen – der Jungfrau.

Kapitel 1

Grundsätzliches über die Jungfrau

Die Jungfrau im Tierkreis

• Das Zeichen

Die Jungfrau ist ein Erd-Zeichen. Es ist das sechste Zeichen im Tierkreis und erstreckt sich im Kalenderjahr vom 24. August bis zum 23. September.

• Das Zeichen und der Planet

Der Jungfrau wird der Planet Merkur zugeordnet, der römische Gott des Handels, auch als der Götterbote bekannt.

• Das Zeichen und der Edelstein

Der Jungfrau wird der Sardonyx und die Metalle Quecksilber oder Nickel zugeordnet.

• Das Zeichen und seine Farbe

Die Jungfrau bevorzugt die gedeckten Töne, die eine gewisse Dezentheit und innere Distanz zum Ausdruck bringen, besonders Marineblau, Dunkelgrau und Braun.

• Das Zeichen und seine Tiere

Die Jungfrau bevorzugt keine besonderen Tierarten, weder unter den Haustieren noch unter den wilden Tieren in den verschiedenen Dschungeln oder Savannen.

Die Jungfrau kann sich liebevoll zu Tieren verhalten, zählt aber nicht zu den ganz großen Tierfreunden im Sternkreis.

Die realistische Jungfrau

• Drei Füße auf dem Boden

Das Letzte, was man einer Jungfrau vorwerfen könnte, wäre, dass sie wohl ein wenig abgehoben wäre. Unter allen Tierkreiszeichen wäre sie wohl die Letzte, die den Boden unter den Füßen verliert. Jungfrauen haben eher drei als zwei Füße auf dem Boden der Tatsachen.

Mit der Jungfrau stehen wir wahrscheinlich dem realistischsten Vertreter des gesamten Tierkreises gegenüber. Es sind Menschen, die ständig damit beschäftigt sind, etwas zu beobachten, zu analysieren und einzuordnen. Dabei spielt es keine besondere Rolle, ob es sich um Menschen, Situationen oder was auch immer handelt.

• Das vollkommene Unterscheidungsvermögen

Jungfrauen verfügen über einen genauen Blick und eine scharfe Beobachtungsgabe. Daraus resultiert ein ganz ausgeprägtes Unterscheidungsvermögen, das von entscheidender Bedeutung für ihren Lebensstil ist.

Im Zeichen der Jungfrau Geborene werden selten „aus dem Bauch" heraus entscheiden, ohne vorher die ganze Sachlage einer genauen Prüfung unterzogen zu haben.

Die Orientierungspunkte

Jungfrauen zählen nicht zu jenen Mitgliedern der Tierkreisfamilie, die ziellos durch das Leben schwirren. Eine Jungfrau benötigt einen festen Halt, einen klaren Orientierungspunkt, an dem sie sich ausrichten kann.

Die Orientierungspunkte sind die Eck- und Anhaltspunkte, um die herum oder an denen vorbei die Jungfrau ihr Leben einrichtet. Von daher kommt ihnen bei der Jungfrau eine weitaus zentralere Position zu als etwa beim Widder oder beim Löwen.

Träume sind Schäume

Träumerische Menschen können die realistische Jungfrau irritieren; denn sie ist das genaue Gegenteil. Im Leben der Jungfrau geht es um reale Vorstellungen und Werte, nicht um Träume oder Wunschvorstellungen.

Die Werte und Strukturen, die eine Jungfrau präzise zu erkennen trachtet, wird sie dann zu einem Ganzen vereinen und zuordnen. Dabei spielt es keine Rolle, welche Ordnungen für andere Menschen bedeutsam sind, entscheidend ist allein, welches Verständnis und welche Einordnung *sie* vornimmt.

Der Ich-Bezug

Für die Jungfrau ist die Orientierung an den eigenen Wertmaßstäben und Weltmodellen von besonderer Bedeutung. Alles, was ihr begegnet, wird unter dem Gesichtspunkt geprüft, ob es für sie nützlich ist und ob sie es in irgendeiner Weise verwenden kann.

Im Extremfall kann eine Jungfrau einen nicht unbedingt erfreulichen Egoismus entwickeln.

Die Pflicht

Die Jungfrau verfügt über ein ausgeprägtes Pflichtbewusstsein. Schlampigkeit bei der Ausführung eines Vorhabens, dessen Abwicklung sie zugesichert hat, wird nur in seltenen Fällen auftreten.

Allerdings kann es vorkommen, dass das Wort Pflichterfüllung etwas kleiner geschrieben wird, wenn die Pflichten nicht mehr in den gewohnten Lebensplan der Jungfrau passen.

Immer bestens vorbereitet

Die Menschen, die im Zeichen der Jungfrau geboren wurden, ***bereiten sich ein Leben lang auf das Leben vor***!

Jungfrauen versuchen mit allen Mitteln zu vermeiden, dass ihnen etwas Unerwartetes widerfährt. Für ihr Wohlbefinden ist es unverzichtbar, dass alles, aber auch wirklich alles ein- und abschätzbar wird. Das schenkt der Jungfrau Sicherheit im Leben!

Alles in Ordnung

Wenn es eine klassische Verbindung in der Astrologie gibt, die fast jedem Menschen vertraut ist, dann ist dies die Verbindung von dem Sternzeichen Jungfrau mit der Ordnung. Es sollte allerdings beachtet werden, in welchem Sinne die Jungfrau nach Ordnung in ihrem Leben trachtet.

Die Ordnung hat für die Jungfrau vor allem einen Sinn: Sie möchte die Gesamtlage überschaubarer machen. Dabei handelt es sich dann sowohl um die eigene innere Ordnung als auch um das Geschehen in der Außenwelt.

Jungfrauen müssen immer genau wissen, woran sie sind, gleichgültig ob es sich um Menschen, ihren Arbeitsplatz oder das Reiseziel handelt. Sie werden stets damit beschäftigt sein, das Gesamtbild in kleine, überschaubare Teilchen zu zerlegen, um ihre inneren Ordnungen herzustellen.

Der Deckmantel

Jungfrauen treten zumeist als sehr sachliche Menschen auf. Durch ihre analytischen Züge strahlen sie auf ihre Umwelt einen gewissen nüchternen Charakter aus.

Unter diesem Mantel aus Sachlichkeit und Nüchternheit versteckt sich aber sehr oft eine sentimentale Natur, die vor nichts mehr Angst hat als vor ihren eigenen dunklen Seiten.

Es muss nicht alles nüchterne Sachlichkeit sein, was als solche nach außen hin erscheint!

• Die Hüterin der Ordnung

Aus einem äußerst beherrschten und kontrollierten Wesen heraus wittern die im Sternzeichen Jungfrau Geborenen geradezu die Gefahren. Vor allem sind es Gefahren, die ihre mühsam errichtete Ordnung gefährden könnten. Ein Alptraum in der Vorstellungswelt der Jungfrau!

Die Jungfrau wird daher mit allen Mitteln vermeiden, mit diesen Gefahrenherden konfrontiert zu werden. Sie geht ihnen aus dem Weg und versucht, ihr eigenes Umfeld ***sauber*** zu halten.

• Immer in Habachtstellung

Jungfrauen bereiten sich immer auf irgendetwas vor. Manchmal ist es das Seminar über gesunde Ernährung, dann der Zeichenkurs und später ein Workshop über Lebensplanungssysteme.

Der eigentliche Kursinhalt spielt nur in zweiter Hinsicht eine Rolle, vorwiegend geht es darum, praktisch ununterbrochen auf das Leben vorbereitet zu sein und mit auftretenden Schwierigkeiten umgehen zu können.

Es gibt keine größere Verunsicherung für eine Jungfrau als die, mit einer unerwarteten Schwierigkeit oder einer plötzlich auftauchenden Situation konfrontiert zu werden. Wenn es keinen vorbereiteten Plan für die Situation X gibt, wird die Jungfrau möglicherweise vollständig aus der Fassung geraten.

Das Haar in der Suppe

Jungfrauen sind die Spezialisten, um das berühmte „Haar in der Suppe" zu finden. Unter den im Sternzeichen Jungfrau Geborenen finden wir überdurchschnittlich viele ausgesprochen kritiksüchtige Menschen. Dabei hat es nicht selten den Anschein, als wollten sich die Jungfrauen durch ihre energische Kritik eine gewisse Distanz schaffen, die zwischen ihnen und dem Gegenüber einen inneren Abstand zu bilden vermag. Ansonsten könnte das Gegenüber sie möglicherweise auf eine Art und Weise berühren, die sie verunsichern würde.

Die Unauffällige

Die Jungfrau gibt sich ganz bemüht unauffällig, angefangen von den dezenten Farben der Kleidung bis hin zum eher angepassten Verhalten. Durch dieses Verhalten gibt sie kund, dass alles seinen Raum hat und ihre innere Ordnung nicht gestört werden sollte.

Die Jungfrau und ihre Mitmenschen

Die kühle Jungfrau

Die ziemlich hervorstechende Eigenschaft der Jungfrau, ihre Umgebung und ihre Mitmenschen zu analysieren und einzuordnen, verleiht ihr einen etwas kühlen Anstrich, lässt Jungfrauen etwas unnahbar wirken. Dies könnte auf den ersten Blick dazu verführen, die Jungfrau zu den nicht sonderlich aufregenden Mitgliedern des Tierkreises zu zählen.

Hier sollte der nachlässige Beobachter keine zu voreiligen Schlüsse ziehen!

Der zweite Blick

Auf den zweiten Blick betrachtet wird man seine Freude an der ironischen Art der Jungfrau haben, mit der sie das Leben aus kritischen Augen betrachtet.

Als Gesprächspartner zählen Jungfrauen zu den sehr gefragten Partien. Ihr Verstand lässt sie im Dialog zu voller Größe erblühen und zu einem geistigen Juwel werden, mit dem man wahrhaft herrlich über Gott und die Welt, über das Leben im Einzelnen und im Besonderen philosophieren kann.

Ein philosophischer Frühschoppen mit einer witzigen Jungfrau kann so schnell zu einem unvergesslichen Erlebnis werden!

Die Gefühlsscheue

Gefühle gehören nicht unbedingt zur Welt der Jungfrau. Von dieser emotionalen Ebene distanziert sich die Jungfrau lieber, zumal sie ihr ein wenig Angst bereitet. Denn bei näherem Hinsehen müsste sie sich ja auch mit ihren eigenen (vielleicht unbewältigten?) Gefühlsbereichen befassen. Das strebt sie nun nicht gerade an.

Sollten Sie aber selbst mit einer Gefühlskrise zu einer Jungfrau kommen, sind Sie an keinem schlechten Platz gelandet. Mit nüchtern-sachlicher Vernunft wird die Jungfrau, zum Beispiel nach einer Scheidung, einen genauen Plan mit Ihnen erstellen, wie der Neuanfang optimal zu bewältigen wäre. Klare Analysen einer genau umrissenen Situation – darin ist die Jungfrau wahrhaft brillant und unerreicht!

Nur keine Leidenschaftlichkeit

Jungfrauen entwickeln eine ausgesprochene Abneigung gegenüber stürmischen, leidenschaftlichen Auseinandersetzungen und Streitgesprächen. Sie bevorzugen es, die Dinge auszudiskutieren. Schließlich geht es nicht um Leidenschaften, sondern um Fakten. Und was die Fakten betrifft, hier wird der Jungfrau kaum jemand das Wasser hinsichtlich ihrer Sachkenntnis reichen können.

In solchen Situationen kann es geschehen, dass eine Jungfrau innerlich verarmt, aber sie wird es nicht zugeben, weil sie immer schön anständig auf die Außenwelt wirken möchte.

Die ehrliche Jungfrau

Jungfrauen zählen nicht nur zu den ganz pflicht- und verantwortungsbewussten Wesen, sie gehören auch zu den ganz ehrlichen. Allerdings erwarten sie dies auch von ihren Mitmenschen.

Enttäuschen Sie daher eine Jungfrau niemals. Sie verfügt über ein präzises Langzeitgedächtnis!

• Die treue Freundin

Jungfrauen sind ganz verlässliche Freunde und Freundinnen. Wenn Ihnen eine Jungfrau Zutritt zu ihrem Freundeskreis gestattet hat, können Sie sich darauf verlassen, dass sie bereit ist, viel einzubringen. Bis Sie allerdings den Zugang zu ihrem innersten Kreis erlangt haben, wird die Jungfrau Sie so mancher Seelenprüfung unterzogen haben.

• Die Fäden im Hintergrund ziehen

Die Jungfrau, die männliche wie die weibliche, wird sich nicht in den Vordergrund drängen. Sie wirkt still und bescheiden aus dem Hintergrund, denn die „erste Reihe" ist viel zu turbulent für sie.

Außerdem lieben es Jungfrauen, aus dem Hintergrund, weitgehend unbemerkt, die Fäden zu ziehen. So können sie mitgestalten und alles unter Kontrolle behalten.

• Das Wörtchen „Nein"

Den im Sternzeichen Jungfrau Geborenen kommt das Wörtchen „Nein" nur zu leicht über die Lippen. Dafür kann es zwei Gründe geben – entweder sind sie zu überrascht oder sie verfügen einfach über zu wenig spontane Lebensfreude.

Für ihre Mitmenschen stellen diese Jungfrauen oftmals eine echte Herausforderung dar, da sie einen ständigen Lebenskampf mit sich und ihrer Umwelt zu führen scheinen.

Sorge vor Verpflichtungen

Jungfrauen haben mit erheblichen Schwierigkeiten zu kämpfen, wenn es um das Thema „Annehmen" geht. Oft werden sie von der Vorstellung beherrscht, der andere möchte sie gewissermaßen nur „einsacken". Es geht gar nicht um sie als Person, sondern die Gegenseite verfolgt nur ihre eigenen Ziele.

Spontanen Gefühlsäußerungen in Form von Geschenken oder bestimmten Gesten begegnet die Jungfrau eher mit Misstrauen, denn in ihren Augen könnte damit eine gewisse Verpflichtung Dritten gegenüber einhergehen, was sie mit großer Sorge erfüllt.

Die sparsame Jungfrau

Die Jungfrauen werden innerhalb der Tierkreisfamilie zu den sparsamen Mitgliedern gezählt. Sollten Sie möglicherweise in die Situation kommen, sich von einer Jungfrau Geld leihen zu müssen, seien Sie bitte darauf gefasst, dass Sie einer eingehenden Prüfung unterzogen werden. Man mag in diesem Zusammenhang sogar von einer Spur Geiz sprechen. Ausnahmen bestätigen natürlich auch auf diesem Gebiet die astrologische Regel.

Wie lebt man mit einer Jungfrau

Aufmunterung ist angebracht

Die klassische Jungfrau verfügt nicht unbedingt über ein ausgeprägtes Selbstvertrauen. Zum einen neigt sie dazu, an sich selber herumzunörgeln, zum anderen sind ihre eigenen Gefühlstiefen für sie oftmals fremd und erschreckend.

Es ist daher durchaus angebracht, der Jungfrau öfters einmal mit einer aufmunternden Geste oder einem aufbauenden Satz zu begegnen. Hinzu kommt, dass die Jungfrauen in Wirklichkeit viel reizender sind, als sie von sich selber meinen!

Die sachliche Jungfrau

Jungfrauen bevorzugen in ihren Gesprächen und Diskussionen die sachliche Argumentation. Dies ist ihre Welt und über diese Sprache findet man auch den besten Zugang zu Jungfrauen.

Insgeheim dagegen bewundert die Jungfrau ihre witzigen, charmanten und klugen Mitmenschen. Trotzdem bleibt sie auf dem Boden der Tatsachen. Hier kennt sie sich aus und hier kann ihr so schnell kein unerwartetes Unheil widerfahren.

Bis ins letzte Detail

Wenn Sie sich auf eine intensive Begegnung mit einer Jungfrau einlassen, kann es Ihnen widerfahren, dass Sie sich nach einigen Stunden geradezu zerpflückt vorkommen. Ihre Jungfrau will absolut jedes Detail wissen und auch die kleinste Einzelheit noch analysieren.

Wenn Sie diese Art des Austausches nicht mögen, sollten Sie Ihre Zeit anders verbringen.

Beobachtung ist alles

Für die Jungfrauen ist die Welt niemals einfach und gradlinig. Sie ist komplex und äußerst vielschichtig; und daher bedarf sie einer genauen Beobachtung.

Ähnlich wie die Welt sieht die Jungfrau auch ihre Mitmenschen. Daher ist auch die genaue Beobachtung angesagt; denn was man genau beobachtet, das kennt man auch genau. Was man aber genau kennt, das wird einen auch nicht überraschen und somit auch nicht durcheinanderbringen.

Innere und äußere Ordnung

Die meisten Jungfrauen werden tatsächlich auch auf einem geordneten äußeren Umfeld bestehen; denn dieses dient auch zu ihrer inneren Orientierung.

Trotzdem gibt es vereinzelt auch geradezu schlampige Jungfrauen; wobei man allerdings sicher sein kann, dass sie auf eine klare innere Ordnung achten, die, zumindest für sie erkennbar, klaren Vorgaben und Orientierungen folgt.

Wie auch immer eine Jungfrau ausgerichtet ist, sie wird immer darauf achten, dass niemand von außen in *ihre* Ordnung eingreift.

• Die Perfektionistin

Jungfrauen wissen einfach alles! Da sie mit der nur schwer zu überwindenden Angst ausgestattet sind, nicht recht zu haben, versuchen sie häufig, ihr Gegenüber nach ihren Vorstellungen zu gestalten. Wenn Sie eng mit einer Jungfrau zusammenleben, könnte dies die größte Schwierigkeit in Ihrem Zusammenleben darstellen.

Die Jungfrau erwartet zudem von ihrem Partner oder Mitmenschen absolute Perfektion. Sie strebt diese natürlich auch für sich selbst an, wenngleich nicht immer erfolgreich.

Hinter allen diesen Verhaltensweisen steckt immer nur ihre tiefsitzende Angst vor dem Unerwarteten und vor Schwierigkeiten im Allgemeinen.

• Die Schwarzseherin

Jungfrauen vermuten überall lauernde Gefahren, gleichgültig ob in der stürmischen und fremdartigen „Welt da draußen" oder im privaten Zusammenleben mit einem oder mehreren Mitmenschen.

Da natürlich die Lebenssituation dieser Verhaltensweise nicht entspricht, können sich Jungfrauen manchmal zu richtigen Schwarzseherinnen entwickeln und damit zu einer echten Belastung ihrer Umwelt werden.

• Die gute Haushälterin

Die Jungfrau zählt zu den Erd-Zeichen. Diese Erdverbundenheit drückt sich auch in einer intensiven Zuwendung zu materiellen Werten aus. Die Jungfrau wird einem gewissen Wohlstand nicht abgeneigt sein und in guten Zeiten die Tendenz entwickeln, sogenannte „eiserne Reserven“ anzulegen.

Sie ist eine ausgezeichnete Haushälterin und kann sehr gut mit Geld umgehen.

• Die sensible Jungfrau

Jungfrauen sind tief in ihren Herzen mit einer großen Sehnsucht nach Verstehen und Lebendigkeit ausgestattet. Dazu sind sie ausgesprochen treu und sehr sensibel. Aber alle diese Wesenszüge verbergen sie hinter einer ausgeklügelten Tarnung, die sie nur selten aufgeben.

Nur wenn ihr Umfeld völlige Harmonie signalisiert und die innere und äußere Ordnung stimmt, kann die Jungfrau ihre Tarnung aufgeben und sich so zeigen, wie sie in ihrem innersten Wesenskern ist.

Ein schwieriges Feld, das viel Geduld und Einfühlungsvermögen von all denen erfordert, die eine Jungfrau glücklich machen wollen!

Die Jungfrau und ihr Lebensstil

• Solide Lebensplanung

Die durch und durch verlässliche und gewissenhafte Jungfrau wird eine Vorliebe für alles zeigen, was solide ist. In den Jungfrau-Menschen verbergen sich keine schwärmerischen Träumer, sondern realistische Menschen, die ihr Umfeld immer in Ordnung halten wollen.

• Nur nicht auffallen!

Von einer Jungfrau sollten Sie nicht unbedingt das Spektakuläre erwarten. Das drückt sich schon in ihrer Kleidung aus, die eher unauffällig, manchmal sogar ein wenig langweilig ausfällt.

Ihr Lebensmotto lautet eben: „Nur nicht auffallen!“

• Immer die Lebensangst

Es wird eine geraume Zeit vergehen, bis eine Jungfrau wirklich auftaut und ihr wahres Gesicht zeigt. Diese Offenheit bedingt immer eine gewisse Verletzlichkeit; und das sieht eine Jungfrau als große Gefahr an.

Die Lebensangst ist ihr größter Feind und es gelingt ihr nur selten, diese in einen Käfig zu sperren und danach den Schlüssel fortzuwerfen. So schleicht sie ihr immer ein wenig hinterher!

Diese nicht genau einzuordnenden Ängste können dann gewisse Schreckgestalten aufbauen wie den Verlust ihres Hauses oder ihrer Wohnung, das Ende ihrer Beziehung oder eine schwere Krankheit. In den meisten Fällen wird nichts davon eintreffen. Es könnte aber ...!

Erfolg und Lebensfreude

Eine Jungfrau kann außerordentlich fleißig sein. Leider gehen dabei Unglück und Erfolg gelegentlich eine bedenkliche Verbindung ein.

Je unglücklicher eine Jungfrau im Leben ist, umso heftiger stürzt sie sich in den materiellen Erfolg, der sie zu einer zähen und manchmal geradezu verbissenen Kämpferin macht, an der die Lebensfreude und die Leichtigkeit des Seins völlig unbeachtet vorüberziehen.

Leben mit der Handbremse

Jungfrauen stehen sich unglücklicherweise nicht selten selber im Weg. Ihre natürlichen Begabungen und Talente werden durch ständiges Abwägen von Gefahren gebremst und an ihrer harmonischen Entfaltung gehindert. Zusätzlich werden sie noch durch ihre Ängstlichkeit überschattet.

Den Jungfrauen fehlt es an der gewissen Leichtigkeit, um das Leben einfach einmal auszuprobieren. Dabei müssten sie natürlich einige unvorhersehbare Ereignisse als Möglichkeiten in Kauf nehmen; doch das ist leicht gesagt, wenn es sich um typische Jungfrauen handelt.

Sicherheit zuerst

Jungfrauen werden sehr auf einen finanziellen Rückhalt und eine wirtschaftliche Sicherheit achten. Natürlich wissen sie, dass sie „Schicksalsschläge" dadurch trotzdem nicht verhindern können; doch nehmen sie ihnen ein wenig von ihrer Dramatik.

Jungfrauen benötigen die Sicherheit wie das tägliche Brot. Und was für andere das ersehnte Abenteuer ist, wäre für die Jungfrau der Nagel zu ihrem Sarg.

Der Schöngeist

Jungfrauen sind sehr ästhetische Menschen. Sie verstehen es, Räume zu gestalten und Schönheit Einkehr nehmen zu lassen. Die Einrichtung im Haus oder in der Wohnung einer Jungfrau wird geschmackvoll sein und gut zusammenpassen.

Kapitel 2

Die Jungfrau im Beruf

Begabungen und Talente

• Die Verlässlichkeit in Person

Pünktlichkeit und absolute Zuverlässigkeit sind die beiden Eigenschaften, die den im Sternzeichen Jungfrau Geborenen von einer guten Fee in die Wiege gelegt worden sind. Wenngleich diese Eigenschaften in der gegenwärtigen Zeit ein wenig an Glanz verloren haben, wird sich auf lange Sicht doch erweisen, dass sie zu den hohen Tugenden zählen.

Jeder, der schon einmal Stunden im Regen auf die Chaoten des Sternkreises gewartet hat, wird das pünktliche Eintreffen einer Jungfrau herbeigesehnt haben!

• Die vernünftige Jungfrau

Eine Jungfrau trifft ihre Entscheidungen immer nach rationalen Gesichtspunkten. Ihr Verstand bestimmt ihr Leben und sie wird daher selten von extremen Gefühlsschwankungen heimgesucht.

Zum einen macht diese Eigenschaft die Jungfrau sehr zuverlässig, zum anderen fehlt ihr manchmal eine Prise Inspiration.

• Theorie und Praxis

In der Jungfrau vereinen sich in ausgewogener Weise Theorie und Praxis. Sie sind praktisch begabt und verfügen dazu über die Fähigkeit, sich auf allen Gebieten ein erforderliches theoretisches Grundwissen anzueignen, das sie dann mühelos wieder in die Praxis umzusetzen vermögen. So reichen sich Praxis und Theorie in schöner Harmonie die Hände.

Eine sehr begrüßenswerte Verbindung!

• Karriere mit Augenmaß

Die Jungfrau ist mit Zähigkeit und Fleiß ausgestattet. Dies wird ihr in ihrer beruflichen Karriere von Nutzen sein. Sie wird sie nie aus den Augen verlieren und sich mit Beharrlichkeit die Erfolgsleiter hinaufkämpfen.

Es genügt ihr, wenn sich die Karriere schön langsam, aber mit Regelmäßigkeit entwickelt. Dabei wird sie natürlich jedes unnötige Risiko geschickt vermeiden.

• Die Vertrauensperson

Als Führungskraft, die in einer Vertrauensstellung arbeitet, ist die Jungfrau die Traumbesetzung. Was man in ihre umsichtigen Hände legt, ist wirklich gut aufgehoben und in Sicherheit!

Die Treue zum Detail

Jungfrauen sind keine Überflieger, denen dabei schon einmal das eine oder andere Detail entgeht. Ganz im Gegenteil! Die Jungfrau bemerkt jede Einzelheit und sie beachtet auch das scheinbar unbedeutendste Detail.

Sie erledigt daher ihre Pflichten mit absoluter Genauigkeit und ist ausgesprochen darauf bedacht, ja keine Fehler zu begehen.

Schnell und genau

Trotz ihrer Gründlichkeit sind Jungfrauen schnelle Arbeiter. Da sie sich ihre Handlungen und Entscheidungen vorher wohl überlegt haben, müssen sie nicht erst in der konkreten Situation über den Handlungsbedarf nachdenken. Sie sind vorbereitet!

Sollte eine Jungfrau doch einmal etwas länger für eine ihr übertragene Aufgabe benötigen, so höchstens deshalb, weil sie diese so genau genommen hat, dass sie jede Einzelheit noch einmal gesondert überprüft hat.

Die Bank

In puncto Sicherheit ist die Jungfrau eine Bank. Sie können ihr, ohne das geringste Risiko einzugehen, unbesehen Ihr gesamtes Geld und alle Vermögenswerte überlassen. Sie kann wirklich mit Geld umgehen und wird Ihr Vermögen hegen und mehren; denn Geld ist etwas, ohne das eine Jungfrau nur schwer auszukommen vermag.

Es geht den Jungfrauen dabei nicht einmal um großen Luxus, sondern um das Gefühl von Sicherheit, das ihnen das Geld schenkt, das sie beiseite gelegt haben.

Das Organisationstalent

Die umsichtigen und sorgsamen Jungfrauen erweisen sich immer wieder als wahre Organisationstalente. In ihrer sachlichen Art wägen sie alle Risiken und alles Für und Wider ab, um mögliche Komplikationen schon für ihr Auftreten zu vermeiden.

Wenn Sie ein großes Projekt zu betreuen haben, sollten Sie unbedingt darauf achten, dass zumindest eine Jungfrau mit im Team sitzt!

Lieber Innendienst als Außendienst

Wenn Sie die Wahl haben, sollten Sie eine Jungfrau immer lieber im Innen- als im Außendienst einsetzen. Jungfrauen werden ihre Ehrlichkeit und Offenheit nicht verbergen können. Wenn sie daher als Repräsentanten oder Vertreter zu Kunden oder auf Messen geschickt werden, neigen sie dazu, offen alle Vor- und Nachteile eines Produktes zu besprechen.

Diese Vorgehensweise werden zwar Ihre Kunden zu schätzen wissen und sich an der Lauterkeit der Jungfrau erfreuen; es muss aber nicht unbedingt den Verkaufszahlen Ihrer Firma förderlich sein. Vielleicht schicken Sie doch lieber einen Löwen auf die Messe!

Abneigungen

Immer mit der Ruhe

Hast ist für die Jungfrauen ein schreckliches Wort. Wenn sie in Hektik geraten, so kann sich dies für die im Zeichen der Jungfrau Geborenen zu einem wirklichen Problem entwickeln. Sie müssen nach ihrem eigenen Rhythmus arbeiten und benötigen davon eine entsprechende Zeitvorgabe.

Außerdem muss eine Jungfrau sich erst einmal grundsätzlich einen Überblick verschaffen, um die gesamte Lage einzuordnen. Dies alles erfordert nun einmal einen gewissen Zeitrahmen – und den muss man einer Jungfrau unbedingt einräumen!

Ordnung und Genauigkeit

Jegliche Formen von Unordnung oder Ungenauigkeit sind den Jungfrauen verhasst. Dabei kann die Bandbreite der Abneigungen von der Unpünktlichkeit eines Geschäftspartners bis zum unaufgeräumten Schreibtisch des Ehepartners reichen. Möglicherweise liegt auch noch Staub auf dem Bücherregal oder im Aktenschrank! Unfassbar!

Alle diese verschiedenen Formen von „Nicht-Geordnetheit“ bringen die detaillierte und genau bestimmte Sicherheit der Jungfrau in Gefahr. Und dies ist für sie ein absolut untragbarer Zustand!

Der gute Eindruck

Eine Jungfrau legt großen Wert darauf, einen guten Eindruck zu hinterlassen. Ein gepflegtes Äußeres ist für sie (männlich wie weiblich) ein absolutes Muss; und Menschen in ihrer näheren Umgebung, die wenig auf ihr Äußeres achten, können sie geradezu krank machen.

Der Jungfrau geht es dabei gar nicht um moderne Kleidung oder irgendwelchen Schnickschnack, der gerade „in" ist, sondern eher um einen guten Körpergeruch und saubere Kleidung, die einfach einen gepflegten Eindruck hinterlassen.

Das Computergedächtnis

Jungfrauen merken sich einfach alles! Sie verfügen über ein Gedächtnis wie ein Computer und können einfach nicht vergessen. Das gilt gerade auch für die Geschehnisse, die besser in Vergessenheit geraten würden.

Wenn Sie einer Jungfrau einmal böse auf die Füße getreten sein sollten, können Sie sicher sein, dass die Erinnerung daran noch in irgendeiner Herzenskammer oder Gehirnwindung gespeichert ist. Gerade Kleinigkeiten merkt sich die Jungfrau vorzüglich.

Bescheidenheit ist eine Zier

Jungfrauen wirken nicht nur nach außen bescheiden, sie zählen im gesamten Tierkreis auch tatsächlich zu den eher bescheideneren Geschöpfen. Laute Menschen, die viel Aufhebens von sich machen und mit aller Gewalt in den Mittelpunkt drängen, lehnen sie zutiefst ab.

Eine Jungfrau wird eher zu Untertreibungen neigen, schon um den Mitmenschen die Gelegenheit einzuräumen, diese aufzuwerten. Das würde ihr guttun. Für die Marktschreier empfinden die Jungfrauen eine starke Abneigung.

• Kritik und Selbstkritik

Jungfrauen sind in der Regel schnell bei der Hand mit einer Kritik, aber sie scheuen ein wenig zurück, wenn diese dann gegen sie selbst gerichtet wird. Dabei sind sie durchaus selbstkritisch und haben den Fehler bei sich schon entdeckt; sie sind aber zutiefst erschüttert, wenn sie feststellen müssen, dass andere ihn auch bemerkt haben.

• Die Jungfrau und „der Andere"

Jungfrauen können durchaus Entscheidungen für sich selbst treffen. Wenn es allerdings darum geht, für andere Menschen Entscheidungen zu fällen, prallen sie auf eine unüberwindliche innere Wand. Wer kann denn für andere denken und alle diese Person betreffenden Möglichkeiten ausloten. Hier wird die Jungfrau mit einer Herausforderung konfrontiert, die sie schlichtweg überfordert und geradezu mit Grauen erfüllt.

Bloß kein Chaos

Undurchsichtige Menschen, verworrene Situationen oder gar das Chaos sind Jungfrauen ein Greuel. Die im Zeichen der Jungfrau geborenen Menschen benötigen klar umrissene Aufgaben, die sie treu und sorgfältig erfüllen können. Abweichungen vom geplanten Weg oder der vorgegebenen Norm verunsichern sie. Dann muss man ihnen Zeit geben, um sich wieder neu zurechtzufinden.

Die veränderte Ordnung, vor allem die innere, wird die Jungfrau zumindest etwas ängstigen, denn dieses Geschehen geht für sie immer mit einem Verlust an Sicherheit einher. Dieser wiederum kann von ihr als bedrohlich empfunden werden.

Konfrontieren Sie eine Jungfrau, außer im therapeutischen Geschehen, möglichst nicht mit der plötzlichen „Katastrophe“.

Vorgesetzte und Mitarbeiter

Der Platz in der zweiten Reihe

Die Jungfrau behält durchaus immer das Geschehen „an der Spitze“ im Auge, sie selbst ist jedoch nicht unbedingt zum Führen geboren. Zudem bietet der Platz in der zweiten Reihe wesentlich mehr Sicherheit. Hier kann aus einer guten Deckung heraus das Ganze beeinflusst werden, ohne an exponierter Stelle zu viel Risiko in Kauf zu nehmen.

Die Arbeitsbienen

Die Jungfrauen sind gewissermaßen die Arbeitsbienen des Tierkreises. Sie dienen mit ganzer Hingabe an der Stelle, an der sie eingesetzt werden. Mit treuer Ergebenheit füllen sie ihre Position aus und widmen sich den ihnen übertragenen Aufgaben mit großer Sorgfalt und Gewissenhaftigkeit.

Die Jungfrau wird nicht nur gründlich und genau arbeiten, sie wird zudem auch noch eine hohe Qualität abliefern. Sorgfalt und Qualität sind ihr Markenzeichen.

Die Perle des Betriebes

Die realistische Jungfrau, die mit beiden Beinen auf dem Boden steht, genießt nicht selten den Ruf, die Perle des Hauses zu sein. Als Mitarbeiter sind Jungfrauen ausgesprochen wertvoll, weil sie nicht nur sehr sorgfältig arbeiten, sondern mit scharfem Blick auch das sprichwörtliche „Haar in der Suppe“ finden.

Hinzu kommt der hundertprozentige Einsatz, den eine Jungfrau für den Betrieb erbringt. Die Firma ist wahrhaft ***ihre*** Firma, für die sie sich mit ganzer Kraft einsetzt.

Der gemäßigte Ehrgeiz

Die Jungfrau ist engagiert in der Firma und durchaus am Vorwärtskommen auf der Karriereleiter interessiert. Sie zeigt aber selten krankhaften Ehrgeiz. Jungfrauen können auf den rechten Zeitpunkt warten und benötigen ihn sogar, um die eigene Leistung und den damit verbundenen Erfolg abschätzen zu können.

Eine Jungfrau würde es eher irritieren, wenn sie von heute auf morgen befördert würde, ohne in der Lage zu sein, diesen Schritt für sich selbst innerlich nachvollziehen zu können. Alles braucht seine Zeit und muss für die Jungfrau verstehbar und begreiflich sein.

Die ideale Vertretung

Wenn Sie als Chef ein paar Tage verreisen wollen, so wird dies kein Problem darstellen, wenn Sie eine qualifizierte Jungfrau in der Firma haben. Sie wird wahrlich ihr Bestes geben, um Sie nahezu vollkommen zu ersetzen. Notfalls bringt sie Tag und Nacht im Büro zu.

Wenn Sie allerdings aus dem Urlaub zurückkommen, sind Sie hoffentlich entspannt genug, um darauf gefasst zu sein, von Ihrer Stellvertreter-Jungfrau auf einige Fehler aufmerksam gemacht zu werden, die sie in Ihrer Arbeit gefunden hat. Die Jungfrau ist einfach zu anständig, um diese diplomatisch zu übersehen.

Deuten Sie es als Engagement in der Sache, nicht als Aggression gegen Ihre Person.

Firmentreue

Jungfrauen sind der Firma, in der sie arbeiten, meistens über lange Zeiträume treu ergeben. Vor allem wenn Jungfrauen das Gefühl haben, von ihrer Firma gut behandelt worden zu sein, zeigen sie eine wahre Nibelungentreue.

In kritischen Betriebssituationen oder in wirtschaftlich schwierigen Zeiten entwickeln Jungfrauen einen Fleiß und eine Zähigkeit, die ihresgleichen suchen.

Die penible Chef-Jungfrau

Jungfrauen sind, wie ausführlich dargelegt, keine geborenen Führernaturen. Da stehen der Widder oder der Löwe lange vor ihr an erster Stelle. Wenn eine Jungfrau aber eine Führungsposition bekleidet, so wird sie sich in der Leitung ihrer Abteilung und im Bereich Menschenführung als äußerst umsichtig und pflichtbezogen erweisen. Sie wird auch einen guten Blick für die Fähigkeiten ihrer Mitarbeiter und Mitarbeiterinnen haben.

Unerbittlich sind Jungfrauen als Chef oder Chefin allerdings hinsichtlich der Genauigkeit. Schlampigkeit und Nachlässigkeit wird die Jungfrau in einer Führungsposition nicht durchgehen lassen. Wie kein zweiter Vertreter des Tierkreises kennt die Jungfrau in diesen Punkten kein Pardon. Ein Mitarbeiter, der in dieser Hinsicht schlampige Züge aufweist, riskiert bei einer Jungfrau als Chef oder Chefin schnell seinen Arbeitsplatz.

Nehmen Sie diesen Rat sehr ernst, falls Sie in der Tat mit einer Jungfrau als Vorgesetzte oder Abteilungsleiter zu tun haben!

Die Menschlichkeit

Wenn Sie im Beruf Ihre Aufgaben sorgfältig und ordentlich bewältigen, können Sie allerdings davon ausgehen, dass die Jungfrau als Chef oder Chefin sich Ihnen gegenüber äußerst korrekt verhalten wird. Zudem finden Sie bei ihr ein offenes Ohr für Ihre menschlichen Probleme und für die Aufgaben, die Sie außerhalb des Betriebes zu bewältigen haben. Für diese wird Ihre Jungfrau in den allermeisten Fällen einen äußerst wertvollen Ratschlag parat haben.

In Einem dürfen Sie sich allerdings auch keinen Illusionen hingeben: Die Jungfrau wird Ihnen als Mitarbeiter genau das Gehalt zahlen, das Sie erwirtschaftet haben. Keinen Heller mehr, aber auch keinen weniger!

Die unnahbare Jungfrau im Chefsessel

Auch wenn Ihr Chef oder Ihre Chefin unnahbar wirkt, muss das bei einer Jungfrau keine Teilnahmslosigkeit signalisieren. Die sensible Natur der Jungfrau wird sich wohl eher unter einem Panzer der Teilnahmslosigkeit oder der gespielten Distanz verbergen, die die Jungfrau täglich zur Schau stellt.

Die gezeigte Zuneigung einer Jungfrau müssen Sie sich, auch im Berufsleben, ganz sachte und allmählich erarbeiten. Am besten durch Anteilnahme, die sich bei einer Jungfrau besonders auszahlt.

Selbstständigkeit

Die zögerliche Jungfrau

Ihre vielen positiven Qualitäten, von der Genauigkeit über den Fleiß hin zum Pflichtbewusstsein, würden die Jungfrauen eigentlich dafür qualifizieren, in der Selbstständigkeit erfolgreich zu sein. Ihr angeborener Drang zur Sicherheit lässt sie diesen Schritt jedoch nur selten wagen, weil ihnen das Risiko einfach zu hoch erscheint.

Vorsicht vor dem Versauern!

Die kluge Jungfrau, die mehr als andere Vertreter der Sternenfamilie mit einem brillanten Verstand und analytischer Kraft ausgestattet ist, versauert nicht selten in ihrem Berufsleben. Sie zieht den sicheren Gehaltsscheck am Monatsende einer interessanteren, aber risikoreicheren Tätigkeit vor.

Auch wenn es keine Entfaltungsmöglichkeiten in diesem Arbeitsbereich gibt, so bietet er doch zumindest einen gesicherten Arbeitsplatz.

Ein Argument, dem sich die etwas ängstliche Jungfrau kaum entziehen kann.

Die verbissene Jungfrau

Jungfrauen lieben die Arbeit, sind ausgesprochen fleißig und arbeitsam. Wenn sie einmal den Schritt in die Selbstständigkeit gewagt haben, sind sie mit viel Engagement für ihre kleine oder große Firma im Einsatz.

Jungfrauen können dabei ihre Projekte geradezu verbissen verfolgen und sind dabei zusätzlich bemüht, jedes noch so geringe Risiko auszuschalten, das den Erfolg ihrer Unternehmung gefährden könnte. Nicht selten sind Jungfrauen in dieser Art und Weise ausgesprochen erfolgreich.

Die realistische Analyse

Die sachliche Jungfrau wird keinen Hang zu fantastischen Vorstellungen oder utopischen Projekten zeigen. Sie befindet sich immer auf dem Boden der Tatsachen. Aus dieser Einstellung resultiert die Fähigkeit, Angelegenheiten und Sachlagen so zu sehen, wie sie tatsächlich sind. Jungfrauen sehen in ihrer realistischen Art die Dinge nüchtern und ohne Beschönigungen.

Helfende Berufe

Ihr ausgeprägter Sinn für den Dienst am Nächsten prädestiniert die Jungfrau geradezu für die Pflegeberufe. Als Krankenschwester, Pfleger oder Altenbetreuer ist die Jungfrau eine wahrhafte Perle und wird von allen Seiten geliebt und geachtet.

Die perfekte Sekretärin

Noch immer dominiert im Berufsbild „Sekretär“ das weibliche Geschlecht. In der Tat ist die Jungfrau eine ideale Chefsekretärin; aber auch die männliche Ausprägung dieses Sternbildes wäre für diesen Job bestens qualifiziert. Vor allem können die Jungfrauen in diesem Beruf ihre ordnenden und organisierenden Fähigkeiten voll einbringen.

Sachlichkeit statt Fantasie

Jungfrauen werden bevorzugt Positionen anstreben, in denen Realismus und Sachlichkeit gefragt sind. Sie benötigen eine klar umrissene fachliche Qualifikation, die sie nachweisen können und innerhalb der sie hervorragende Dienste leisten.

In den sogenannten „kreativen Berufen“ wird man Jungfrauen deutlich unterrepräsentiert finden. Die Jungfrau will ihre Arbeit so ordentlich wie möglich absolvieren, die Fantasie oder die visionäre Produktplanung sind eher nicht ihr Metier.

Der Programmierer

Ein Informatik-Studium oder eine Ausbildung als Programmierer sind beliebte Berufsfelder für die Jungfrau. Hier kommen ihre Sachlichkeit, Genauigkeit und ihr logischer Verstand voll zum Zuge.

Bankkaufmann

Wenn Sie Ihr Geld todsicher anlegen wollen – soweit dies eben in unserer unsicheren Welt überhaupt möglich ist –, dann lassen Sie sich von einer Jungfrau in ihrer Bank beraten. Sie wird Ihnen mit Sicherheit den Weg aufzeigen, der Ihnen noch das geringste Risiko erspart. Möglicherweise fällt die Rendite deutlich geringer aus als bei etwas gewagteren Aktiengeschäften, dafür bleibt Ihnen am Ende auf alle Fälle eine Rendite.

Ärzte und Apotheker

Wenn es nicht die dienenden Pflegeberufe sind, so können es auch die klassischen Heilberufe von Arzt und Apotheker sein, welche die Jungfrau ansprechen. Für beide Berufsbilder ist sie überaus qualifiziert.

Techniker

Auch technische Berufe sagen der Jungfrau zu. Als Ingenieure oder Uhrmacher können Jungfrauen eine hervorragende Arbeit leisten. Möglicherweise benötigen sie einen oder zwei Tage für eine Bauzeichnung, dafür weist diese dann aber garantiert keinen Fehler mehr auf. Auch die Reparatur einer Uhr mag bei einer Jungfrau ein wenig länger dauern, dafür läuft Ihr alter Chronometer aber auch wieder wie geölt!

Kapitel 3

Die Jungfrau und die Liebe

Der reservierte Liebhaber und die Zuverlässige

• Drum prüfe ...

Die im Sternzeichen Jungfrau Geborenen neigen wahrlich nicht zum impulsiven Liebesleben und zur feurigen Affäre. Jungfrauen sind nur sehr langsam zu entflammen und richten sich in ihrem Beziehungsleben an der alten Weisheit aus: Drum prüfe, wer sich ewig bindet!

Die Jungfrau beherzigt diesen Spruch wie kaum ein anderes Mitglied der Tierkreisfamilie. Das macht sie nicht unbedingt zum erotischen Flammenwerfer; aber stille Wasser können trotzdem tief sein.

• Die kühle Jungfrau

Die Kontrolle und Beherrschtheit, die im Sternzeichen Jungfrau ihre vollendete Ausprägung findet, springt einen förmlich an, wenn man die klassischen Vertreter dieses Tierkreiszeichens genauer betrachtet.

Jungfrauen wirken auf den ersten Blick meistens distanziert, kühl und unnahbar. Aus dieser Anlage heraus machen sie es einem potenziellen Interessenten nicht gerade leicht, sich ihnen zu nähern und sie zu erobern.

Grundsätzlich besteht dabei kein Unterschied zwischen männlichen und weiblichen Mitgliedern des Sternzeichens Jungfrau.

Vernunft statt Leidenschaftlichkeit

Für die realistische, irdische Jungfrau sind Gefühle ein Bereich, den sie nur schwer einzuschätzen vermag und den sie lieber ein wenig distanziert betrachtet.

Vor leidenschaftliche Anwandlungen schiebt eine Jungfrau lieber erst ihren Verstand (und dann sind sie meist schon vorbei!), der die anstehenden „Affären" dann entsprechend zu regeln (und zu kontrollieren!) hat.

Stilfragen

Die Jungfrau ist ein sehr ästhetisches Wesen. Daher stellt sie an ihren zukünftigen Partner erhebliche Ansprüche. Nicht dass er ein Adonis oder sie eine Aphrodite sein müsste, nein, das nicht, aber er oder sie müssen ein sehr gepflegtes Äußeres an den Tag legen. In dieser Hinsicht wird die Jungfrau in jeder Beziehung auf größtmögliche Übereinstimmung drängen.

Mit einem ungepflegten Partner wird sich die Jungfrau kaum in der Öffentlichkeit zeigen.

Die Gefahren der Liebe

Die Jungfrau wird sich niemals kopflos in eine Liebesbeziehung stürzen. Sie wird auch hier die Gefahren sorgfältig abwägen und dann eher auf Aspekte wie gemeinsame Interessen und ein gesichertes Einkommen setzen.

Die treue Jungfrau

Die Jungfrau, die einmal eine feste Bindung eingegangen ist, wird sich nur in sehr seltenen Fällen leichtsinnig in neue Beziehungen stürzen. Sie zeichnet sich im Gegenteil durch große Treue und gewissenhafte Erfüllung ihrer Pflichten als Partner aus.

Eine Beziehung mit einer Jungfrau wird daher zwar nicht zur Abenteuerreise, dafür zu einem gesicherten Ausflug in vertraute Gebiete, bei dem jedes Risiko umgangen wird.

Die perfektionistische Jungfrau

Die Jungfrau erwartet von ihrem Partner eine Perfektion, die dieser nur in sehr seltenen Fällen auch wirklich erfüllen kann. Zu sich selbst überaus kritisch, kann sie auch in ihrer Beziehung im schlimmsten Fall zu einer nörglerischen Plage werden.

Eine Jungfrau, in der dieser Perfektionismus mit Kritiksucht gepaart ist, zählt nicht unbedingt zu den erstrebenswertesten Partien unter den Mitgliedern des Tierkreises.

Die empfindsame Jungfrau

• Kein schneller Flirt

Die Jungfrau zählt nicht zu den Party-Gästen, die einem kleinen Flirt nie abgeneigt sind. Ganz im Gegenteil, sie sucht die tiefe, ernsthafte Beziehung. Eine Beziehung, in der Beständigkeit vorherrscht und die Sicherheit und klare Beziehungsstrukturen bietet.

• Der tiefsitzende Schmerz

Auch wenn Jungfrauen es nicht deutlich zeigen, sie sind äußerst empfindsam und verletzlich. Ein Schmerz, der ihnen einmal zugefügt worden ist, bleibt lange in der Seele gespeichert. Entsprechend vorsichtig wird die Jungfrau, die ein derartiges Erleben in ihrer Geschichte verzeichnet hat, in der Zukunft in ihren Beziehungen vorgehen.

• Das Leben hat keine Leichtigkeit

Jungfrauen sind nicht schwermütig, aber ihnen fehlt die gewisse Leichtigkeit im Leben.

Die Liebe ist für sie eine Probe und eine Aufgabe, die das Leben ihnen stellt und die sie möglichst perfekt zu lösen trachten.

Durch diese Einstellung, die sehr eng mit Vernunft und rationaler Vorgehensweise verknüpft ist, kommen Qualitäten wie Emotionalität, Spontanität und vor allem Leidenschaft in der Regel ein wenig zu kurz.

Absolutes Vertrauen

Wenn es eine Qualität gibt, die im Beziehungsleben der Jungfrau die höchste Priorität besitzt, so ist dies das „absolute Vertrauen". Der Partner der Jungfrau darf ihr gegenüber keine Geheimnisse oder unbekannte Tiefen haben. Seine Charakterbildung und sein Handlungsprofil müssen für eine Jungfrau klar erkennbar und durchschaubar sein.

Jeder Wesenszug des Partners muss für die Jungfrau verständlich sein, ansonsten droht Verunsicherung. Diese wiederum kann nicht selten in Kritiklust umschlagen und dann beginnen die ernsthaften Probleme in einer Beziehung.

Überzogener Perfektionismus

Den vollkommenen Partner gibt es nicht; doch leider suchen sehr viele Jungfrauen noch immer nach ihm!

Jeder Mensch wird mit kleinen Fehlern oder Schwächen behaftet sein, doch diese können die Jungfrau wahrhaft auf die Palme bringen. In ihren Augen gewinnen diese Schwachpunkte riesige Dimensionen, gleichgültig ob es sich um kleine körperliche Fehler handelt (Hängebusen oder Bierbauch) oder um charakterliche Schwächen (Unpünktlichkeit oder Unordentlichkeit). Die Jungfrau kann diese Punkte nicht hinnehmen.

Wenn sich diese „Missstände" erst einmal als Bild in ihrem Kopf festgesetzt haben, ist ihr gewohntes, sorgfältig konstruiertes Bild des Partners gestört. Von nun an wird sie nicht mehr lockerlassen, bis eine entsprechende Veränderung (Lifting, Diät etc.) durchgeführt wurde.

Der sichere Hafen

Grundsätzlich betrachtet, stellt eine enge Beziehung für die Jungfrau einen sicheren Hafen dar, in den sie einkehren möchte. In diesem Hafen wartet der vollkommene Partner, der ihr Geborgenheit schenkt. Aus dieser Geborgenheit heraus ist sie dann auch selbst in der Lage, sich mit ihrem inneren Reichtum in eine Verbindung einzubringen. Sie kann sich dann durchaus liebevoll verschenken und sich rührend und voller Hingabe um den Liebsten oder die Liebste kümmern.

Und natürlich wird sie ihm oder ihr treu dienen!

Der Jungfrau-Mann

Der Unauffällige

Der Jungfrau-Mann wird wenig Tendenzen zum Partylöwen zeigen. Er fällt am ehesten durch sein ordentliches, zum Anlass passendes, aber wenig spektakuläres Outfit auf.

Wenn die männliche Jungfrau in die Öffentlichkeit tritt, geschieht dies eher distanziert und teilnahmslos. Sie erscheint unauffällig auf der Bildfläche und gliedert sich in die Menge ein. Absichten, diese zu beherrschen, zeigt sie kaum.

Der Solide

Jungfrau-Männern gelingt es durchaus, schon auf den ersten Blick einen positiven Eindruck zu hinterlassen. Dieser gründet sich allerdings mehr auf ihr solides Erscheinungsbild als auf ihre charismatische Ausstrahlung.

Mit einer Jungfrau kann man „sich sehen lassen"; aber man kann mit ihr „keinen Staat machen"!

Immer schön langsam

Haben Sie eventuell Gefallen an einer Jungfrau gefunden, sollten Sie auch den zweiten Blick noch unauffällig auf sie werfen. Auf keinen Fall darf man sich einer männlichen Jungfrau mit einer drängenden Begeisterung nähern, das würde sie eher verunsichern; denn der in der Jungfrau geborene Mann muss sich erst einmal ein Bild von Ihnen verschaffen.

Erst wenn sich der Jungfrau-Mann sicher und innerlich gewappnet fühlt, wird er sich dem unbekannten weiblichen Wesen behutsam nähern. Für ihn ist es eine Entdeckungsreise!

Vorsicht ist die Mutter der Porzellankiste

Je attraktiver die Dame seiner Wahl, die natürlich auch erst auf den zweiten Blick erfolgt, desto mehr Zeit benötigt der Jungfrau-Mann, um den Kontakt zu vertiefen. Schließlich erscheint ja auch das Risiko ungleich größer!

Die männliche Jungfrau fühlt sich zwar von den witzigen, charmanten Vertreterinnen im Sternkreis überaus angezogen, lässt aber gerade bei ihnen größte Vorsicht walten, bevor er sich auf ein Risiko einlässt. Schließlich ist Vorsicht die Mutter der Porzellankiste!

• Der Gentleman

Jungfrau-Männer sind sehr kultivierte und ästhetische Zeitgenossen. Sie werden im öffentlichen und privaten Auftreten immer ein untadeliges Benehmen an den Tag legen. Manchmal kann die Jungfrau etwas steif und überkorrekt wirken, aber dieser Stil kann auch seine Vorzüge haben.

Sollten Sie also einmal bei Prinz Charles zum Tee eingeladen werden, nehmen Sie besser eine Jungfrau als einen Widder mit. Von wegen der Etikette!

• Behutsam heranpirschen

Sollten Sie ein oder auch mehr Augen auf eine Jungfrau geworfen haben, so gehen Sie bitte äußerst behutsam vor. Wie ein Jäger auf der Pirsch dürfen Sie sich nicht mit Getöse ins Jagdrevier stürzen, denn dann verschwindet die Beute auf Nimmerwiedersehen.

Der im Zeichen der Jungfrau geborene Mann wird erst einmal die Aufrichtigkeit Ihrer Annäherungsversuche überprüfen. Erst wenn Sie wirklich sein Vertrauen gewonnen haben, wird er Ihnen seine wahren Gefühle offenbaren.

Geben Sie den ersten Kick!

Jungfrau-Männer muss man häufig ein wenig anstacheln, damit sie aus ihrer Reserviertheit herausgehen. Sie empfinden es für sich selbst in gar keiner Weise als Verlust, ein schlichtes und eher langweiliges Leben zu führen.

Es heißt daher, der männlichen Jungfrau einen vertrauten Rahmen zu bieten, eine Atmosphäre von Schutz und Geborgenheit, dann kann sie schon einmal ein überschaubares Risiko eingehen und etwas aus sich herauskommen.

Der gute Familienvater

Jungfrau-Männer sind wunderbare Partner, wenn es darum geht, treu zu ihrer Partnerin zu stehen und die Familie zu verteidigen. Die pflichtbewusste männliche Jungfrau ist gerne bereit, das Familienleben an die erste Stelle zu setzen.

Zudem wird die Jungfrau ohnehin so manchem Flirt aus dem Weg gehen, weil sie die Konsequenzen nicht überschauen kann, die sich möglicherweise daraus ergeben könnten.

Sie können Ihren Jungfrau-Mann bedenkenlos mit Ihrer besten Freundin in den Urlaub schicken, er wird „jungfräulich" wieder zurückkommen. Möglicherweise ist allerdings Ihre Freundin ein wenig frustiert!?

Die männliche Übermutter

Jungfrau-Männer versorgen ihre Liebsten auf geradezu übernatürliche Art und Weise. An alles wird gedacht, nichts wird dem Zufall überlassen. Jeder Schritt ist geplant und vorherbestimmt.

Der Jungfrau-Mann schafft die Basis, auf der sich alles Leben bestens entfalten könnte. Leider ist aber seine Sorge und Vorsicht so groß, dass seine Liebsten geradezu erstickt werden von vorbeugenden Maßnahmen, dass ihnen kein Raum für eigene Wege bleibt. Hier kann Fürsorge dann in ihr Gegenteil umschlagen.

Allerdings darf man nie aus den Augen verlieren, dass die Jungfrau-Männer all dies in bester Absicht tun.

Die vernünftigen Gefühle

Es kann gar nicht oft genug betont werden, dass Gefühle für die Jungfrau eine überaus ernste Angelegenheit darstellen. Da stehen Jungfrau-Männer den weiblichen Vertreterinnen in nichts nach.

Sie werden immer gute und vernünftige Gründe angeben können, warum sie diese oder jene Beziehung eingegangen sind. Jedes Gefühl muss rational nachvollziehbar sein, sonst wird die Jungfrau verunsichert.

Für die *wilden* Vertreter und Vertreterinnen im Sternkreis handelt es sich dabei natürlich um ein praktisch unverständliches Verhalten. Für die Jungfrau dagegen ist dies völlig normal und folgt den Gesetzen des Lebens.

Die verpasste Gelegenheit

Mit der großen Liebe soll es ja manchmal wie mit der Hasenjagd sein. Entweder man ist blitzschnell bei der Sache und hat den Hasen – oder er ist unwiderruflich weg. Diesen Ratschlag sollten die männlichen Jungfrauen sich unbedingt zu Herzen nehmen.

So manches Mal geht ein Jungfrau-Mann an seinem Glück vorbei, weil er einfach zu lange mit Prüfen, Abwägen und Einschätzen beschäftigt ist. In dieser Zeit hat sich seine Erwählte schon dem Löwen vom Nachbartisch zugeneigt. Es fehlt ihm einfach die Kraft zur Spontanität und zu einem Ja, das eher aus dem Bauch als aus dem Kopf kommt.

Die Jungfrau-Frau

Die Kluge

Weibliche Jungfrauen sind kritische Zeitgenossinnen. Sie weisen allgemein eine klar umrissene Vorstellung vom Leben und von den Männern auf, mit denen sie es teilen möchten. Entweder das ausgewählte „Objekt" hält ihren strengen Prüfungskriterien stand, dann wird es einen zweiten Schritt geben; oder aber „er" fällt bereits bei der ersten Prüfung durch. Dann war es das eben!

Auf den Charakter kommt es an

Die hohen Anforderungen, welche die Jungfrau an ihren Auserwählten stellt, beginnen bereits bei seinem äußeren Erscheinungsbild. Das sollte unbedingt sympathisch und gepflegt sein. Er muss nicht unbedingt einem herkömmlichen oder gerade von den Medien propagierten Schönheitsideal entsprechen, aber er sollte ein ansehnliches Erscheinungsbild aufweisen.

Noch mehr zählen für die kluge und vernünftige Jungfrau jedoch die inneren Werte. Der Charakter ihres Partners steht für sie auf ihrer Prüfungsskala an erster Stelle. Schließlich weiß sie nur zu genau, dass Schönheit vergeht, Charakter aber bleibt.

Die Unnahbare

Auf den ersten Blick erscheint die im Zeichen der Jungfrau geborene Sternentochter eher spröde, nüchtern und unnahbar. Aber das könnte eine Täuschung sein. Hinter einer geschickten Tarnung versteckt sich nicht selten eine feinfühliges Wesen, das nur zuerst abschätzen und überprüfen möchte.

Eine spontane Affäre wird es mit ihr aber kaum geben!

Die Treue

Seitensprünge und Affären sind nicht die Welt der eher braven Jungfrau. Sie bevorzugt eine feste Bindung an ihren Partner. Vom Augenblick der fest eingegangenen Verbindung an wird sie ihren, manchmal sehr gut versteckten, Liebreiz nur noch ihrem Herzenspartner zukommen lassen.

Ordnung muss sein

Zwischen den weiblichen und den männlichen Jungfrauen gibt es keinen Unterschied in puncto Ordnung. Hier werden sie keine Kompromisse eingehen können. So wild kann die Nacht gar nicht gewesen sein, dass nicht Zeit blieb, die Hosen aufzuhängen und die Wäsche wegzuräumen.

Sollte er doch eine gewisse Nachlässigkeit in dieser Richtung gezeigt haben, könnten ihn, trotz aller Harmonie der Nacht, am Morgen einige unerfreuliche Nörgeleien zum Frühstück erwarten. Darauf sollten Sie sich als Partner einer Jungfrau gefasst machen.

Die getarnte Emanze

Die im Zeichen der Jungfrau geborenen weiblichen Wesen scheinen ihr Leben voll im Griff und alles unter Kontrolle zu haben. Sie wirken nach außen überaus selbstbewusst und emanzipiert. Kratzt man allerdings an dieser Oberfläche, so findet man darunter viele Schichten, die sorgsam aufgestrichen wurden, um den verletzlichen Kern zu umhüllen und zu beschützen.

Die weibliche Jungfrau hat ihr Lebensgebilde sorgfältig konstruiert und versucht dadurch, mit aller Macht irgendwelche Erschütterungen abzuhalten. Aber natürlich wird auch sie davon ereilt.

Die sachlichen Komplimente

Das Vertrauen einer Jungfrau-Dame wächst, wenn Sie ihr immer wieder sagen, wie wunderbar sie ist!

Doch Vorsicht! Sie müssen dies sehr geschickt anstellen. Niemals Komplimente im schwärmerischen Ton vorbringen. Das Gerede von der „Himmelsprinzessin, der Sie die Sterne vom Firmament pflücken“, sollten Sie sich lieber für romantische Krebse oder Fische aufheben. Ihre angebetete Jungfrau möchte sachliche Komplimente hören, die für sie nachvollziehbar sind.

Es muss ja nicht damit aufhören, dass Sie ihr sagen: Niemand bügelt meine Hemdkragen so genau wie du! Ein bisschen fantasievoller darf es schon sein.

Ähnliche Interessen

Für die vernünftige Jungfrau spielen gemeinsame Interessen eine wichtige Rolle. Sie wird sich einen Partner suchen, der wirklich zu ihr passt und mit dem sie gemeinsame Neigungen und Interessen teilt. Der Ähnlichkeit in der inneren und äußeren Ausrichtung kommt für weibliche Jungfrauen bei der Partnerwahl eine entscheidende Bedeutung zu.

Sicherheit wird großgeschrieben

Von ihrem ganzen Wesen her sehnt sich die weibliche Jungfrau nach Sicherheit. Diese muss auch in materieller Form ihren Ausdruck finden. Die Sorge um das nötige Kleingeld kann sie geradezu krankmachen.

Da die in der Jungfrau geborenen Frauen zu den fleißigsten im Sternkreis gehören, erwarten sie auch von ihrem Partner, dass er sein Möglichstes beisteuert, um das Leben angenehm zu gestalten.

Dazu gehören vor allem die materielle Sicherheit und die Geborgenheit (innerlich und äußerlich) ihrer Familie. Wenn hier Defizite auftreten, sind nicht selten erhebliche Spannungen die Folge.

Die misstrauische Jungfrau

Die treue und pflichtbewusste Jungfrau sucht den sicheren Hafen und fährt dann auch nicht wieder aufs offene Meer hinaus. Sollte ihr daher zu Ohren kommen, dass ihr Liebster auf fremden Hochzeiten tanzt, wird sie überaus hellhörig und misstrauisch. Sind dieses Misstrauen und eine möglicherweise damit einhergehende Eifersucht erst einmal geweckt, kann sie zutiefst gekränkt und verletzt reagieren. Zumal sie auch noch verunsichert ist über die Zukunftsplanung, die doch so sorgfältig ausgearbeitet war.

• Der Zeit-Faktor

Wie schon im Berufsleben dargestellt, spielt der Zeit-Faktor für die Jungfrau eine erhebliche Rolle, gerade auch für die Frauen in ihren Beziehungen. Sie benötigen eine erhebliche Zeitspanne, um sich in einer Beziehung zu entfalten. Erst wenn sie ihr Vertrauen wirklich bestätigt finden, öffnen sie ihre Herzenstüren und verschenken ihr warmes inneres Wesen.

Sie müssen sich einfach eine gewisse Zeit geben, um den Weg zum feinfühligen inneren Kern Ihrer Jungfrau zu finden.

Die Jungfrau und ihre Beziehungen

Die Jungfrau und der Widder

Zu viel kritische Worte

Die Kritik der Jungfrau, mit der sie nicht hinter dem Berg hält, sondern sie freimütig äußert, auch wenn es gerade nicht der passende Moment ist, dürfte die Liebe des Widders bereits im Keim ersticken oder zumindest stark abkühlen.

Der Lebensstil des Widders ist einfach zu impulsiv und unbedacht. Dies führt in vielen Fällen dazu, dass er im Haus ein fabelhaftes Chaos hinterlässt, und diese Unordnung belastet die Jungfrau in ihrem innersten Wesen! Eigentlich ist es für sie unerträglich; und nur eine sehr große Liebe vermag sie über den alltäglichen Saustall hinweg zu tragen.

Während die Jungfrau das Geld zusammenhält, wird es der Widder in vollen Zügen ausgeben.

Eine schwierige Kombination!

Die Jungfrau und der Stier

Das Traumpaar

Mit dem Stier hat die Jungfrau das große Los gezogen. Die beiden stellen eine Traumkombination dar!

Die Jungfrau unterstützt den Stier auf seinem Weg nach oben und bringt von ihrem Wesen her alle Eigenschaften mit, um ihn nicht zu überfordern. Sachlich und gründlich stehen sich diese beiden Sternzeichen zur Seite und ergänzen sich hervorragend.

Die Jungfrau wird immer genau den Ton treffen, den der Stier in einer bestimmten Situation hören möchte. Egal ob es in einer lauschigen Sommernacht oder bei der Verhandlung um den besten Zinssatz bei der Bank ist. Jungfrau und Stier ergänzen sich in idealer Weise.

Wenn der Stier einmal so richtig losgelassen hat und sich dem Sinnestaumel ergeben hat – so taumelt die Jungfrau mit. Sie kann vom Stier sogar noch begeistert werden und die Sicherheit der Beziehung verleiht ihr die nötige Geborgenheit, um sich ihrerseits zu öffnen und beim Fest der Sinne voller Freude und Lebenslust mitzuschwelgen.

Zwischen der Jungfrau und dem Stier ergänzen sich Stärken und Schwächen in einer Art und Weise, die nur aufbauende und unterstützende Qualitäten beinhaltet. Sie werden die Schwächen des anderen nicht ausnutzen, um die eigene Machtposition zu verbessern, da das Thema Macht- oder Geschlechterkampf zwischen den beiden gar kein Thema ist.

Hier herrscht tatsächlich nahezu vollkommene Harmonie und Konflikte werden relativ selten auftreten und meistens in gutem Einvernehmen zu lösen sein.

Die Jungfrau und der Zwilling

Hier wird es schwierig

Es ist auf den ersten Blick sichtbar, wo die Probleme liegen werden. Die strenge, ordentliche und genaue Jungfrau einerseits und der flatterhafte, etwas leichtsinnige und ein wenig unordentliche Zwilling andererseits – wie soll das gutgehen?

Jungfrau-Menschen lieben die Häuslichkeit und sind eher sparsam. Genau das kann man vom Zwilling nun wirklich nicht sagen. Hier kann sich der Streit schon an so alltäglichen Dingen wie der Haushaltskasse entzünden. Und wenn der Streit erst einmal ums Geld entbrannt ist, wie soll es dann auf anderen Ebenen zu einer harmonischen Verbindung reichen?

Wenn beide beispielsweise über eine gemeinsame Urlaubsreise nachdenken, so wird die Jungfrau eifrig bemüht sein, alles bis ins kleinste Detail genau zu planen. Während sie noch voll damit beschäftigt ist, wird dem Zwilling dies schon wieder viel zu langweilig sein und er schwärmt schon wieder von der nächsten Reise, während die bevorstehende noch gar nicht begonnen hat. Schwierig, schwierig, schwierig!

Die Vernunft empfiehlt, zwischen Jungfrau und Zwilling eher auf Distanz zu bleiben. Das wird sich schon deshalb so ergeben, weil die Anziehung zwischen den beiden, nicht allein nur die erotische, einfach nicht ausreichen wird.

Die Jungfrau und der Krebs

Die Verlässlichen

Zwischen diesen beiden Mitgliedern des Sternkreises wird es recht geordnet zugehen. Zuerst wird einmal ein gemeinsames Nest errichtet. Hier sind die beiden Partner sich ganz einig. Wenn es ihnen dann auch noch gelingt, sich beim Bau oder Kauf des Hauses finanziell nicht zu übernehmen, dann wird es vorerst richtig herzlich und gemütlich im Haus von Krebs und Jungfrau.

Nach längerer Zeit des Zusammenlebens kann es jedoch geschehen, dass der Krebs der Jungfrau zu wenig konkret erscheint. Nur Liebenswürdigkeit genügt ihr nicht mehr, es sollte schon etwas handfester sein. Jetzt ist viel Einfühlungsvermögen und Verständnis gefragt.

Jenseits der Ebene der Liebespaare können Krebs und Jungfrau eine nahezu vollkommene Verbindung eingehen, denn beide sind außerordentlich verlässlich. Verlieben sie sich doch ineinander, können sie sich zumindest auf einen treuen Partner einstellen. Alles andere wird sich zeigen.

Die Jungfrau und der Löwe

Das Feuer fehlt

Zwischen dem Löwen und der Jungfrau brennt kein Feuer. Im äußersten Fall züngeln ein paar schwache Flämmchen, die aber kaum ausreichen dürften, um eine heiße Liebe zu entzünden.

Die eher nüchterne, sachliche, emotional gefasste Jungfrau ist dem Löwen einfach zu sehr „graue Maus". Männliche und weibliche Löwen sind auf der Suche nach einer aufregenden Partnerschaft. Die Jungfrau müsste schon eine ganz ausgefallene Vertreterin sein, um das Interesse des Löwen zu wecken. Es ist eher wahrscheinlich, dass sie bei Partys und anderen Festivitäten vom Löwen einfach übersehen wird.

Die Sinnlichkeit der im Sternzeichen Löwe Geborenen findet im Gegenzug wenig Erwiderung bei den im Zeichen Jungfrau Geborenen. Bei so viel Nüchternheit und fehlender Anziehungskraft sollten die beiden lieber nach passenderen Partnern Ausschau halten.

Die Jungfrau und die Jungfrau

Zu viel Routine wirkt tödlich

Im Sport würde man sagen, dass es kein gutes Spiel werden wird, wenn sich zwei ausgesprochen defensive Teams gegenüberstehen. So ähnlich könnte man auch die Kombination zwischen Jungfrau und Jungfrau umschreiben.

Gerade die Jungfrau benötigt das „Anders-Sein“ ihres Gegenübers. Eine Jungfrau muss aus der Reserve gelockt werden, was selten durch eine andere Jungfrau gelingt. Die beiden werden sich gegenseitig ihre Sorgen klagen und zustimmend über eine ähnliche Sicht des Lebens philosophieren. Nur wird nichts dabei passieren.

Zwischen zwei Jungfrauen wird die Routine alles überwiegen. Wenn dann zwischen den beiden auch noch die Streitlust und die Nörgelei ausbricht, so kann das selten eine kreative Beziehung ergeben. Hier ist eher Tristesse angesagt!

Die Jungfrau und die Waage

Zwei Blickwinkel

Eine Kombination, bei der sich nicht auf Anhieb sagen lässt, ob etwas daraus wird oder nicht.

Die Jungfrau pocht auf feste Abmachungen und verlässt sich darauf, dass die Waage ihre Zusagen einhält. Die Waage wiederum sieht das Leben von heute auf morgen von einer anderen Seite.

Die Jungfrau spart, während die Waage das Geld mit vollen Händen ausgibt.

In puncto Verlässlichkeit könnte die Waage allerdings von der Jungfrau eine Menge lernen. Umgekehrt wiederum könnte sich die Jungfrau von der diplomatischen Seite der Waage eine Scheibe abschneiden.

Grundsätzlich kann man sagen, dass bei dieser Kombination zwei sehr unterschiedliche Temperamente aufeinandertreffen, die das Leben aus gänzlich verschiedenen Blickwinkeln betrachten. Das lässt die Möglichkeit offen, sich kreativ zu befruchten oder nervtötend auf den Geist zu gehen. Eine spannende Verbindung!

Die Jungfrau und der Skorpion

Mehr Spannung als Harmonie

Skorpione sind extreme Zeitgenossen. Sowohl im Leben als auch in der Liebe schlagen sie schwierig einzuschätzende Wege ein. Dies stellt für die Jungfrau, die unbedingt verstehen und einordnen möchte, eine gewaltige Herausforderung dar. Es dürfte wohl nur einer sehr selbstbewussten Jungfrau gelingen, sich dieser Herausforderung erfolgreich zu stellen.

Der Skorpion ist in der Welt der tiefen Gefühle zu Hause, während die Jungfrau schnell nach logischen Erklärungen sucht. Die Jungfrau ordnet und katalogisiert, während der Skorpion auf der Suche nach mystischen Abenteuern die Welt durchstreift.

Schwierig wird es auch, wenn der Skorpion die dunklen Seiten der Jungfrau erkennt und auch gleich zur Sprache bringt, wo diese sich doch so bemüht hatte, sie zu beerdigen oder zumindest gut zu tarnen.

Der Skorpion dürfte zu gewaltig und zu extremistisch sein, um der Jungfrau Raum für tiefes Vertrauen zu schenken. Hinzu kommt noch die Kritiksucht, mit der beide reichlich gesegnet sind. Wenn diese sich entfalten, wird es ganz problematisch, denn beide können Kritik nicht sonderlich gut vertragen.

Die Jungfrau und der Schütze

Realist und Idealist

Der temperamentvolle und abenteuerlustige Schütze steht genau auf der Seite des Lebens, die der Jungfrau äußerst suspekt ist. Die spontane, überschwängliche und lebenslustige Art des Schützen weckt sofort höchstes Misstrauen bei der vernünftigen und bodenständigen Jungfrau.

Während der Schütze Abenteuer sucht und idealistische Luftschlösser malt, denkt die Jungfrau in der Stille ihrer Herzenskammer nur: Was für eine Übertreibung!

Der Schütze macht große Pläne und denkt in großen Visionen, die sich vielleicht niemals ganz erfüllen werden, ihn aber anregen und mit Lebensfreude erfüllen. Die Jungfrau denkt und grübelt über den Details, dabei ganz den großen Weitblick vergessend.

Auf Dauer gesehen wird die Jungfrau dem Schützen zu schwerfällig werden, während dieser der Jungfrau einfach als verträumter Schwarmgeist auf die Nerven geht.

Zwei sehr verschiedene Lebensphilosophien, die nur mit sehr viel Mühe und Einsatz von beiden Seiten auszugleichen sind!

Die Jungfrau und der Steinbock

Die Vernunftehe

Hier schätzen sich zwei verwandte Seelen wegen ihrer Klarheit und Verlässlichkeit. Da dies jedoch für beide entscheidende Qualitäten sind, bilden sie eine gute und stabile Basis für eine Verbindung.

Es wird zwischen der Jungfrau und dem Steinbock allerdings erst eine Liebe auf den „zweiten Blick“ geben; und mit Sicherheit nicht eine hoch erotische, hemmungslose Leidenschaft. Dafür kann sich eine sachliche, bleibende Beziehung entwickeln.

Für Außenstehende wird es allerdings den Eindruck einer reinen „Vernunftehe“ machen, weil die Sachlichkeit so sehr im Vordergrund steht. Für die beiden Beteiligten handelt es sich jedoch um eine solide, vertrauensvolle Verbindung, die von beiden Seiten in gleichem Maße geschätzt wird.

Gegenseitige Achtung und respektvolle Zuneigung müssen bei dieser Kombination das Feuer und den Pfiff ersetzen, der in anderen Verbindungen die Liebe am Lodern hält.

Die Jungfrau und der Wassermann

Die Konservative und der Revolutionär

Mit der Jungfrau und dem Wassermann prallen zwei schwer vereinbare Welten aufeinander. Der Wassermann jagt ständig neuen und revolutionären Ideen hinterher, die der Jungfrau schon bei oberflächlichem Nachdenken als völlig unpraktisch und gänzlich indiskutabel erscheinen. Was wird die realistische Jungfrau also tun? Sie wird versuchen, dem Wassermann seine Flausen auszutreiben. Prompt steht der erste dicke Konflikt ins Haus!

Zwar werden beide Tierkreiszeichen stark vom Verstand und von der Vernunft bestimmt, doch liegt ihnen jeweils eine völlig andere Lebenseinstellung zugrunde. Während ein Wassermann seinen idealistischen Neigungen nachfolgt, schaut die Jungfrau befremdet zu und wird fast krank vor Sorgen angesichts möglicher Katastrophen, die sie bereits am Horizont heraufziehen sieht.

Auch im alltäglichen Leben stehen die Zeichen eher auf Sturm. Der Wassermann kann seine Tendenz zur Schlampigkeit nur mühsam überwinden und ist damit permanent ein rotes Tuch für die ordnungsliebende Jungfrau. Eigentlich muss sie zugeben, dass ihr der Wassermann insgesamt als ein zu instabiler Geselle erscheint, als dass sie sich mit ihm tiefer einlassen könnte.

Die Jungfrau und der Fisch

Die Gegen-Zeichen

Die Jungfrau und der Fisch stehen sich im Tierkreis im Abstand von einhundertachtzig Grad gegenüber. Daher werden sie als „Gegen-Zeichen" beschrieben.

Diese astrologische Konstellation stellt immer eine große Herausforderung dar. Die Jungfrau und der Fisch könnten beide voneinander lernen, da sie jeweils die Ergänzung des anderen darstellen.

Die Palette der zu lernenden Qualitäten ist immens, da beide genau das verkörpern, was dem anderen fehlt.

Der träumerische Fisch lernt Sachlichkeit und die Fähigkeit, sein Leben einmal realistisch zu betrachten. Die Jungfrau dagegen wird mit „Gefühl pur" konfrontiert. Sie kann einmal Einblick gewinnen in die unergründlichen Tiefen des menschlichen Seelenlebens.

Eine Kombination, die eine Vielfalt an Entwicklungsmöglichkeiten bietet, die allerdings dann in schweres Wasser gerät, wenn die Jungfrau versucht, Probleme mittels sachlicher Argumentation zu lösen, während der Fisch sich meistens in eine nicht mehr greifbare Innenwelt zu entwinden versucht.

Sexualität: Der Jungfrau-Mann

Sinnlichkeit mit Handbremse

Auf den ersten (manchmal auch noch auf den zweiten!) Blick wirkt ein Jungfrau-Mann eher teilnahmslos. Die Gefühlswelt und die damit verbundene emotionale Turbulenz sind den männlichen Jungfrauen suspekt, sodass sie ihnen als gänzlich undurchschaubar begegnen. Die Gefühlswelten stellen sich unergründlich dar und bieten der Jungfrau daher keinen festen Boden, auf dem sie stehen kann.

Werte vor Sinnlichkeit

Die im Zeichen der Jungfrau geborenen Männer suchen nach den großen Gefühlen und den bleibenden Werten. Für sie heißt das, dass Treue, Beständigkeit und Liebe an erster Stelle stehen. Erst wenn dies zusammenpasst, haben sie wirklich die Frau fürs Leben gefunden. Mit dieser können sie dann auch die sinnlichen Stunden sorgenfrei genießen.

Sex kommt später

Die Jungfrau lehnt Sexualität nicht ab, doch sie spielt bei ihren männlichen Vertretern keine primäre Rolle. In ihrer Werteskala rückt sie relativ weit nach hinten und kommt erst dann zur Entfaltung, wenn alle anderen Bereiche zufriedenstellend verwirklicht wurden.

Sex kommt mit zunehmendem Alter

Die Jungfrau lernt erst mit der Zeit, dass Sexualität für sie eigentlich kein Fremdwort ist. Überrascht wird sie feststellen, dass sie mit zunehmendem Alter mehr Freude daran findet und sich auch ungezwungener gibt.

Hier sollte noch einmal ins Bewusstsein gerufen werden, dass die Jungfrau der „Diener des Tierkreises" ist. Warum sollte sie nicht auch zu einem Diener oder einer Dienerin der Liebe werden. Womit nicht gleich eine „Liebesdienerin" gemeint ist!

Immer mit Gefühl

Jungfrau-Männer lieben mit ganzer Seele und ganzem Herzen. Sie können keinen Unterschied machen zwischen einer rein sexuellen Anziehungskraft und wahrer Liebe. Für sie gehört beides zusammen und bildet eine harmonische Einheit. Nur wenn beides erfüllt ist, können sie sich wirklich lustvoll hingeben.

Der verhinderte Eroberer

Die in der Jungfrau geborenen Männer zählen nun wahrlich nicht zu den Casanovas des Sternkreises. Eine Frau mit Raffinesse und Romantik zu erobern, ist ihre Sache nicht. Man muss viel Geduld mitbringen, wenn man auf die Verführungskünste der Jungfrau wartet.

Trotzdem sollte man die Jungfrau nicht als unsensibel oder unsinnlich abstempeln. Nur benötigt der Jungfrau-Mann eine absolut vertrauensvolle Umgebung, um seine sinnlichen Qualitäten zur Entfaltung zu bringen.

Der Zuverlässigste

Es gibt zweifelsfrei weitaus stürmischere und sinnlichere Draufgänger im Tierkreis als die in der Jungfrau geborenen Männer. Das sollte sich jede Frau von Anfang an klarmachen, ehe sie sich auf eine Verbindung mit einer Jungfrau einlässt.

Andererseits wird sie auch kaum einen zuverlässigeren Mann finden, der noch dazu einen so ausgeprägten Sinn für die Bedürfnisse seiner Partnerin entwickelt hat.

Sexualität: Die Jungfrau-Frau

Die Beherrschte

Eine weibliche Jungfrau wird immer ihre Haltung bewahren. Sie weiß sich und ihre Gefühle zu zügeln und verliert praktisch auch in der größten Leidenschaftlichkeit nie die Kontrolle.

Auch wenn unter ihrer perfekten Tarnung eine Vollblutfrau stecken sollte, so wird sie dies doch so lange verbergen, bis sich ihr Angebeteter als so vertrauenswürdig erwiesen hat, dass sie sich ihm in ihrer ganzen Weiblichkeit enthüllen kann.

Hier hat schon mancher Mann eine erfreuliche Überraschung erlebt!

Warten auf den Richtigen

Die weibliche Jungfrau ist eine interessante Frau, die zudem zahlreiche Interessen verfolgt. Es wird mit ihr nicht langweilig, wenn man einige ihrer Interessensgebiete mit ihr teilt. Zudem verfügt sie über sehr viel Geduld und kann warten – bis der Richtige kommt.

Es wird der Mann sein, der wahrhaft ihren (hohen!) Ansprüchen genügt und dem sie ihr volles Vertrauen und sich selbst schenken kann.

Die Umworbene

Jede Frau wird es lieben, umworben zu werden. Die Jungfrau-Frau schätzt dies doppelt, zum einen weil sie durch dieses Geschehen mehr Zeit erhält, um sich auf die Beziehung vorzubereiten, zum anderen weil es ihr die Gelegenheit gibt, den Mann genau unter die Lupe zu nehmen. Und das wird sie dann auch sorgfältigst tun!

Sex mit Stil

Auch im Bett wird die Jungfrau-Frau eine stilvolle Lady bleiben. Die Umgebung ist für sie von großer Wichtigkeit. Sollte das Schlafzimmer möglicherweise schlecht gelüftet oder unaufgeräumt sein, kann sie dies völlig „abtörnen". Übrigens ein Wort, was eine Jungfrau kaum in den Mund nehmen würde!

Für das Liebesleben bedarf es für eine weibliche Jungfrau nun einmal eines gewissen Rahmens. Wenn der stimmt, kann sie sich fallenlassen und ihrer lange verborgenen Sinnlichkeit Raum geben.

• Sex ist nett, aber zweitrangig

Die körperliche Liebe ist für die in der Jungfrau geborenen weiblichen Wesen eine nette Angelegenheit, wird aber kaum zum wichtigsten Aspekt ihres Lebens avancieren. Sie wird dem Sex niemals zu viel Bedeutung beimessen.

Für die weiblichen Jungfrauen gibt es Werte, die sie weitaus höher ansiedeln als das wilde Liebesleben.

Die Jungfrau-Frau weiß zudem: Die Anziehung lässt nach, aber der Mann bleibt. Zumindest wenn auch er eine Jungfrau ist!

Kapitel 4

Gesundheit

Allgemeine Ratschläge

• Die Sorgenkinder

Die Jungfrauen gehören, wie schon die Krebse, zu den „Sorgenkindern" des Tierkreises. Sie kümmern sich um alles und fühlen sich für alles irgendwie verantwortlich. Außerdem nehmen die Jungfrauen praktisch alles viel zu ernst. Sie müssen lernen, dem Leben ein wenig mehr Leichtigkeit abzugewinnen, andernfalls sind sie erste Kandidaten für Krankheiten, die durch zu viel Sorgen und Ängste ausgelöst werden.

• Die Sorge um die Gesundheit

Neben den allgemeinen Sorgen, mit denen sich die Jungfrau herumzuschlagen hat, entwickeln etliche von diesen Sternenkindern die spezielle Sorge um die Gesundheit. Dieses treiben einige von ihnen so weit, dass daraus eine eigene Krankheit wird. Sie werden zu wahren Gesundheitsfanatikern; denn was die Jungfrau tut, das tut sie ganz. Und manchmal bis ins Extrem!

Etwas weniger Pedanterie und das Erlernen der Kunst des Loslassens würden den im Sternzeichen Jungfrau Geborenen durchweg gut zu Gesicht stehen.

Frischluft ist wichtig

Für Jungfrauen spielt es eine besondere Rolle, dem Körper viel frische Luft zukommen zu lassen. Sie sollten darauf achten, viele und ausgedehnte Spaziergänge durchzuführen und zusätzlich durch sportliche Aktivitäten ihre meist angespannten Nerven zu entspannen.

Ausreichend Schlaf

Da sie bisweilen geradezu hyperaktiv werden, sollten Jungfrauen unbedingt auf ihren Schlaf achten. Es ist nicht immer der richtige Weg, sich pausenlos in die Arbeit zu verbeißen. Manchmal findet sich die richtige Lösung gerade aus dem Abstand heraus.

Jungfrauen neigen von Natur aus dazu, ihre Geschäftigkeit zu übertreiben. Hier kann weniger oft mehr sein!

Ausgewogene Ernährung

Für die überaus heikle Jungfrau ist eine ausgewogene Ernährung von großer Bedeutung. Jungfrauen neigen in vielen Fällen dazu, ungewöhnliche Essgewohnheiten zu entwickeln. Zusätzlich entwickeln sie starke Abneigungen gegen bestimmte Lebensmittel, ohne dass dafür eine konkrete Begründung vorliegt.

In allen diesen Fällen sollten Jungfrauen darauf achten, alle Formen von Übertreibungen zu vermeiden. Der Pfad der Mitte ist der richtige!

Die Schwachzonen der Jungfrau

• Der Darm

Astrologisch wird der Jungfrau der gesamte Darmbereich zugeordnet. In diesem Organsektor sitzt der empfindlichste Teil der Jungfrau. Sowohl die männlichen als auch die weiblichen Vertreter dieses Tierkreiszeichens klagen häufig über die verschiedensten Arten von Darmbeschwerden.

Wenn man einmal die Symbolsprache der Krankheiten heranziehen will, ohne diese Analogie überzubewerten, so könnte man davon sprechen, dass es der Jungfrau im Allgemeinen schwerfällt, das Leben „zu verdauen". Unter diesem Gesichtspunkt wäre es nur folgerichtig, wenn der Verdauungsbereich den Schwachpunkt der Jungfrau darstellen würde.

• Die zu große Vorsicht

Inzwischen dürfte deutlich geworden sein, dass Jungfrauen zu den übervorsichtigen Naturen zählen, die selten einen unüberlegten Schritt wagen. Aus diesem Grund sollte man annehmen, dass eine Jungfrau auch gesundheitlich kein Risiko eingeht. Dies ist im Prinzip richtig, stellt jedoch gleichzeitig auch den Ansatzpunkt eines großen Problems dar.

Vor lauter Vorsicht neigt die Jungfrau zu Übertreibungen, die sie regelrecht lähmen und krank machen.

Die hypochondrische Jungfrau

Gerade unter den Jungfrauen findet man hypochondrische Naturen, die jedem Wehwehchen zu viel Bedeutung beimessen und sich in der Sorge um ihre Gesundheit geradezu verlieren.

Es ist sicher angebracht, sich um seine Gesundheit Gedanken zu machen, doch auf diesem Feld neigt die sonst so sachliche Jungfrau zu maßlos übersteigerten Reaktionen.

Migräne

Jungfrauen leiden nicht selten unter Migräneanfällen. Man könnte meinen, sie würden sich den Kopf zerbrechen über die vielen Gefahren und Probleme, die sie auf sich zukommen sehen. Da sich die realistische Jungfrau doch irgendwann einmal vor Augen halten müsste, dass kaum eine der vorgestellten Katastrophen je eingetreten ist, kann man nur hoffen, dass sie irgendwann selbst für Entwarnung und Entspannung sorgt.

Da Jungfrauen feinfühliger und „dünnhäutiger“ sind, als ihre kühle Tarnung vermuten lässt, zeigen sich Stressbelastung und Anspannung durch Reaktionen auf der Haut. Diese Entzündungen und Ausschläge lassen nach oder verlieren sich ganz, wenn eine Jungfrau einen ruhigeren, ausgeglicheneren Lebensrhythmus gefunden hat.

Ein guter Rat an die Jungfrau

• Loslassen

Jungfrauen gehören zu den Mitgliedern der Tierkreisfamilie, denen nur schwer zu raten ist. Die Jungfrau weiß eigentlich alles besser.

Daher kann man ihr nur immer wieder den guten Rat erteilen, etwas mehr loszulassen und das Leben zu genießen. Niemand kann auf Dauer gesehen glücklich sein, wenn er ständig damit beschäftigt ist, sich selbst zu disziplinieren. Der freie Fluss des Lebens darf nicht immer durch ängstliches Vernünfteln zum Vertrocknen gebracht werden.

Niemand kann zweimal in denselben Fluss steigen – auch die Jungfrau nicht!

• Lebensfreude

Es würde für eine Jungfrau geradezu einen Akt der Befreiung darstellen, wenn sie einfach einmal essen würde, was ihr schmeckt, ohne über Ernährungsvorschriften oder ärztliche Warnungen zu grübeln. Vielleicht sollte sie den Rat von Oscar Wilde beherzigen: Wenn die Versuchung an dich herantritt, erliege ihr, du weißt nicht, ob sie noch einmal wiederkommt!

Es steht allerdings zu befürchten, dass die Jungfrau in ihrem asketischen Bestreben das ganze Leben als Versuchung betrachtet, der sie zu widerstehen hat. Wenn sie wirklich so handelt, zwingt sie sich in eine selbst auferlegte Einsamkeit. Gelingt es ihr, sich von diesen inneren Zwängen zu befreien, liegt die Welt offen vor ihr.

Das Rezept für die glückliche Jungfrau müsste lauten, sich weniger zu sorgen und mehr zu lachen. Dann wäre der erste Schritt zum wahren Glücklichsein getan.

• Der Gang zum stillen Örtchen

Der Jungfrau, mit ihrem Problembereich Darm, kann nur geraten werden, auf einen regelmäßigen Stuhlgang zu achten. Dazu wäre eine abwechslungsreiche Ernährung ein erster Schritt in die richtige Richtung.

Andernfalls könnten die Verdauungsprobleme zusätzlich noch durch unangenehme Blähungen das Wohlbefinden der Jungfrau erheblich beeinträchtigen.

• Einmal über die Stränge schlagen

Auch wenn es etwas seltsam klingen mag, aber die Jungfrauen wären die einzigen Vertreter des Tierkreises, denen man wirklich ans Herz legen sollte, gelegentlich einmal so richtig über die Stränge zu schlagen.

Für diese vernünftigen und pflichtbewussten Geschöpfe wäre eine wilde Nacht ohne Reue vielleicht die wirksamste Medizin. Da könnten die Sorgen und Ängste von Jahren mit einem Schlag geheilt werden. Allerdings sollten diese Eskapaden niemals zulasten Dritter gehen; aber dazu ist die Jungfrau dann doch verantwortungsbewusst genug.

Sanfte Heilweisen für die Jungfrau

• Gestalttherapie

Der Psychoanalytiker Fritz Perls entwickelte die der humanistischen Psychologie zugeordnete Gestalttherapie. „Gestalt" ist dabei nur ein anderes Wort für ganzheitliche Individualität.

Die Gestalttherapie wird in der Regel in der Form von Einzelsitzungen praktiziert. Ziel ist es, die harmonische Verbindung von äußerer Erscheinung und innerem Wesen wiederherzustellen. Wenn zwischen diesen beiden Aspekten des Menschen Disharmonie herrscht, führt dies in aller Regel zu einer Krankheit.

In der konkreten Praxis können zahlreiche alternative Therapieformen zur Anwendung kommen, von der Traumanalyse über vorgestellte Astralreisen bis hin zu bioenergetischen Verfahren.

Am Ende soll der Mensch gelernt haben, voll bewusst im Hier und Jetzt zu leben, sowie Geist und Körper integriert haben.

• Shiatsu

Die Shiatsu-Massage stellt eine japanische Fingerdruck-Massage dar, die gelegentlich auch als Akupressur-Massage bezeichnet wird. Häufig wird sie auch in Verbindung mit Akupunktur angewendet, da beide Verfahren sich harmonisch ergänzen.

In mancher Hinsicht besteht eine Ähnlichkeit zum Rolfing. Beide Therapieformen zielen auf eine Beeinflussung tiefer Gewebeschichten ab, die von alten Blockaden befreit werden sollen. Stattdessen sollen neue, gesunde Muster die alten ersetzen.

• Rollenspiele

Die verschlossene, distanzierte Jungfrau soll im Rollenspiel lernen, sich in andere Menschen zu versetzen und andere Gesichter anzunehmen. Auf diese Weise kann sie lernen, Ängste abzubauen und die Welt mit anderen Augen zu sehen.

Für die Jungfrau wäre es auch hilfreich, einmal schauspielerisch Emotionen und versteckt gehaltene Gedanken auszudrücken, die in der Rolle ja die benötigte Sicherheit nach außen erhalten.

Tai-Chi

Tai-Chi oder auch Tai Chi Chuan ist eine meditative chinesische Bewegungskunst, die ihren tieferen philosophischen Hintergrund aus dem Taoismus bezieht. Der therapeutische Ansatz des Tai-Chi zielt auf den ungehinderten Fluss der Lebenskraft (des Chi) ab. Diese einfachen Übungen wären gerade für die Jungfrau, die eher zu einem etwas verkrampften Festhalten neigt, sehr geeignet, um Loslassen und innere Freiheit zu bewirken.

Das Bachblüten-Mittel

Kaum eine andere sanfte Heilweise hat in den vergangenen zehn Jahren eine solche Erfolgsstory aufzuweisen wie die Blütenmittel von Dr. Edward Bach. Ihre geniale Einfachheit macht das Geheimnis ihres Erfolges aus. Für jedermann leicht anwendbar, sind die Pflanzenessenzen dennoch überaus wirksam.

Das Bachblüten-Mittel für die Jungfrau ist

CENTAURY (Tausendgüldenkraut).

Die unter dem Zeichen der Jungfrau Geborenen zeigen ein bescheidenes und würdevolles Wesen. Die Jungfrau neigt zu einem tugendhaften Verhalten, das manchmal schon an Selbstunterdrückung grenzt. Die Jungfrau, als die Dienerin des Sternkreises, darf bei aller Hingabe für den anderen die Freude am Leben nicht verlieren.

Der Wunsch, immer „das Richtige" zu tun, lässt die Jungfrau übermäßig konventionell werden. Da sie sehr geübt in dieser Routine ist, geht sie oft am Zauber des Lebens vorbei (obwohl sie sich danach sehnt). Würde man die Lebenseinstellung eines Schützen etwa als „teleskopisch" bezeichnen, so müsste man jene der Jungfrau als „mikroskopisch" charakterisieren.

Der heilerische und ärztliche Bezug der Jungfrau kommt schon im Symbol ihres Herrscherplaneten zum Ausdruck. Merkur trägt den Asklepiosstab, das Heilungssymbol der Ärzte.

• Centaury – Tausendgüldenkraut

Menschen, die Centaury benötigen, leiden an Willensschwäche. Dies kann dazu führen, dass sie leicht ausgenutzt werden oder jemand ihnen seinen Willen aufzwingt. Da es ihnen an ausgeprägter Individualität und Selbstbewusstsein mangelt, sind Centaury-Typen scheu, schüchtern und ängstlich darauf bedacht zu gefallen.

Der Centaury-Mensch hat Schwierigkeiten, seine eigenen Interessen zu vertreten. Er ist leicht zu manipulieren. Es fehlt ihm an Vorstellungskraft und er geht an den Freuden des Lebens vorbei, zumal er zu sehr seinen Pflichten verhaftet ist. Sehr oft übersieht der Centaury-Typus seine persönlichen Ziele und Wünsche, nur um seinem Nächsten zu dienen. Diese prinzipiell wertvolle Eigenschaft führt die Centaury-Jungfrau jedoch bis zur Selbstverleugnung oder zum Märtyrertum durch – und dann kann sie in Krankheit umschlagen.

Der konstruktive Centaury-Typus weiß, wie und wem er dient. Er tut dies still und ruhig, voller Wirksamkeit und unauffällig. Er unterscheidet zwischen dem Dienst am Nächsten und seinen eigenen persönlichen Belangen. Er setzt sich für die Interessen der Gemeinschaft ein, ohne ihnen zu sehr nachzugeben, und respektiert seine eigene Individualität und Aufgabe im Leben. Aus diesem Grunde sucht man seinen weisen Rat und schätzt seine Vertrauenswürdigkeit und Zuverlässigkeit.

• Das Aura-Soma-Mittel

Eine weitere sanfte Heilweise, die gerade erst begonnen hat, in breiteren Kreisen Anerkennung zu finden, sind die Farb- und Duftöle von Aura-Soma, einer englischen Gemeinschaft. Da die vielen Ölfläschchen, die wunderbar duften und sehr schön anzuschauen sind, nicht allgemein einem Sternzeichen zugeordnet werden können, empfiehlt es sich, einen der vielen Aura-Soma-Therapeuten zurate zu ziehen, die heute praktisch in jeder mittelgroßen Stadt anzutreffen sind.

Eine gute Idee wäre es, eine persönliche Aura-Soma-Flasche neben dem Bett zu plazieren.

Persönliche Notizen:

Kapitel 5

Essen und Trinken

Die Jungfrau in der Küche

Die Sauberfrau

In der Jungfrau-Küche geht es zu wie im Jungfrau-Leben. Das Gemüse wird säuberlich gewaschen und in kleine Teile geschnitten, wobei jedes Stück so aussieht wie sein Nebenmann. Eine Spargelstängelchen wie das nächste; ein Böhnchen wie seine Vorgängerin. Die pure Perfektion! Da machen männliche und weibliche Jungfrauen keinen Unterschied.

Zudem herrscht in der Jungfrau-Küche eine solche Sauberkeit, dass mancher Besucher sich fragt, ob hier überhaupt gekocht wird. Aber keine Sorge, trotz aller Ordnung kommt auch pünktlich das Essen auf den Tisch; selbst wenn manch anderer Vertreter des Tierkreises sich das kaum vorstellen kann.

Die vegetarische Jungfrau

Jungfrauen stehen der vegetarischen Küche sehr wohlwollend gegenüber. Gesundheitsbewusst wie die Jungfrau nun einmal ist, hat sie sich gründlich über alle Vorzüge und mögliche Nachteile einer gesunden Ernährung informiert. Sie kennt sich aus mit B-Vitaminen und rechts- oder linksdrehenden Joghurts. Sie weiß über den Nährwert von Burgern ebenso Bescheid wie über den Eiweißgehalt von Soja-Sprossen und Tofu-Würstchen.

Jetzt muss nur noch gegessen werden!

Immer streng nach Rezept

Das Motto der Jungfrau in der Küche lautet: Nur keine Experimente! Das Kochbuch liegt immer neben ihr und sie wird sich exakt an die Anweisungen halten. 25 g Butter sind eben 25 und nicht 30! So hat sie die Sicherheit (denkt sie zumindest!), dass nichts schiefgeht.

Dabei kann das Rezept ruhig kompliziert sein, das wird sie nicht abschrecken. Sie hat ja die Sicherheit des Kochbuches.

Alles hat seine Zeit

Bei Jungfrauen gibt es natürlich im Winter Kohl und im Sommer frisches Sommergemüse. Schließlich haben die Jahreszeiten ja ihren Sinn. Zudem stellt sich die sparsame Jungfrau natürlich sofort die Frage, was denn die Erdbeeren im Winter kosten würden.

Sie kann auf das nächste Frühjahr warten und sich der Ordnung der Jahreszeiten angleichen.

Die Jungfrau und ihre Gäste

Herr Knigge muss eine Jungfrau gewesen sein!

Es ist zwar unbewiesen, aber sehr wahrscheinlich, dass die Tischmanieren von einer Jungfrau erfunden worden sind. In puncto Tischordnung ist die Jungfrau wahrlich penibel. Notfalls nimmt sie vor wichtigen gesellschaftlichen Ereignissen noch schnell den Knigge zur Hand. Man kann ja nie wissen! Wenn Sie Gast bei einer Jungfrau sind, sollten Sie vielleicht auch einen Blick hineinwerfen; dann sind Sie zumindest mit ihrem Gastgeber auf einem Stand.

• Nur nicht verkrampfen

Lassen Sie sich Ihre Lockerheit nicht vergraulen, wenn Sie bei einer Jungfrau zum Essen eingeladen sind. Bei ihr fühlt man sich als Gast immer etwas steif. Der Boden, von dem man tatsächlich essen könnte, und die perfekte Sauberkeit können den Gast unter Umständen etwas betreten machen, vor allem wenn es bei ihm zu Hause etwas chaotischer zugeht.

Kommen dann Gedanken auf wie: „Bloß keinen Rotwein verschütten“ oder „Wie kriege ich den Salat ohne einen Fleck auf meinen Teller“, dann sollten sie nicht verkrampfen.

Bedenken Sie, dass die Jungfrau am nächsten Morgen in einem Putzrausch alle Schäden beseitigen wird.

• Die Jungfrau sorgt vor

Da die Jungfrau ja ohnehin befürchtet, ihre Gäste könnten „kleine Schweinchen“ sein, wird sie für (nahezu) alles vorsorgen. Da finden sich auf dem perfekt gedeckten Tisch kleine Tellerchen oder Zwischendeckchen, die das edle Damast-Tischtuch vor zu großen Schäden bewahren sollen.

Da die Jungfrau ohnehin nicht zu den geselligen Typen im Sternkreis zählt, wird sie sich diese Einladungen nicht zu oft zumuten. Vielleicht zweimal im Jahr, mit den besten Freunden.

Feiern – aber bitte mit Stil

Sie werden bei der Jungfrau nicht hungern müssen. Da sie wunderbar haushalten kann, wird von allem genug vorhanden sein, aber sicher auch nicht zu viel!

Nun darf gefeiert werden – aber bitte mit Stil. Eine lockere Plauderei über Gott und die Welt wäre der Jungfrau nicht unangenehm. Hüten Sie sich aber bitte vor Gefühlsausbrüchen. Sich so „gehenzulassen" verzeiht die Jungfrau nicht einmal ihren besten Freunden.

Dass grobe Witze oder ungebührliches Benehmen die tiefe Missbilligung der Jungfrau finden, muss hier wohl nicht noch einmal erwähnt werden.

Die Hausordnung beachten!

Wenn Sie bei der Jungfrau zu Gast sind, gibt es einige grundlegende Benimm-Regeln, die einfach absolut beachtet werden müssen.

Pünktlichkeit ist ein Muss. Das erwartet eine Jungfrau einfach, wenn sie Sie schon zum Essen einlädt.

Sie sollten möglichst nicht unaufgefordert im Haus herumspazieren. Zum einen irritiert es die Jungfrau und zum anderen könnten Sie Dreck hinterlassen.

Sollten Sie die Örtlichkeiten aufsuchen müssen, die sicher mit einem netten Blümchenschild gekennzeichnet sind, gilt auch hier die Hausordnung. Auch für kleine Geschäfte gilt für die Herren der Schöpfung: Bitte im Sitzen! Wo kämen wir denn da hin, wenn die männlichen Gäste alle „Rasenfeuerwehr" spielen würden!

Gegessen werden darf; aber bitte in Maßen. Die Speisemengen wurden für normale Mägen berechnet, nicht für Vielfraße.

Damit wollen wir es lieber bewenden lassen!

Die Lieblingsgerichte der Jungfrau

• Lieber leicht

Obwohl überaus erdbetont (und allen Erd-Zeichen werden Fleischgerichte zugeordnet), bevorzugt die Jungfrau in großer Zahl die vegetarische Küche.

Jungfrauen lieben Dampfkochtöpfe, da man mit ihnen bekanntlich viel Energie sparen kann und außerdem noch sehr gesund kocht. Die Jungfrau ist natürlich darüber informiert, dass die wertvollen Vitamine so besser erhalten bleiben.

Während der Zwilling wahrscheinlich nie den rechten Zeitpunkt erwischt, um den eigenwilligen Topf, bei dem es schließlich auf die Minute ankommt, zu beherrschen, hat die Jungfrau das Gerät 100-prozentig im Griff. Sie ist und bleibt gut organisiert, auch in der Küche!

• Ein typisches Jungfrau-Rezept:

Grüne Bohnen mit Knoblauch und Tofu-Frikadellen

3 EL Olivenöl
2 TL zerdrückter Knoblauch
5–6 g Ginsengwurzel
1 gutes Pfund grüner Bohnen der Saison
1 Bund Bohnenkraut
1 TL Gewürzsalz
Gemüsebrühe
Limonensaft
4 Tofu-Frikadellen

Grüne Bohnen sorgfältig putzen (kein Thema für die Jungfrau!), klein schneiden und in einem großen Topf mit Gemüsebrühe kochen. Dann den Ginseng in sehr wenig Wasser in einem extra Topf bei geschlossenem Deckel weich kochen und zerschneiden.

Öl in einer großen Pfanne erhitzen. Knoblauch, die gekochten Bohnen und den weichen, zerkleinerten Ginseng hinzufügen und das Ganze bei mittlerer Hitze schmoren. Zum Schluss Bohnenkraut, Pfeffer und Gewürzsalz hinzugeben.

Damit nichts anbrennt, sollte das Ganze mit dem restlichen Ginseng- und Bohnenwasser abgelöscht werden. Ganz am Ende verfeinert ein Spritzer Limonensaft die Delikatesse.

Die Tofu-Frikadellen wird die Jungfrau fertig im Reformhaus erwerben, nachdem sie sich vom guten Inhalt und der einwandfreien Herstellung überzeugt hat. Sie werden leicht angebraten zu den Bohnen serviert.

• Die Lieblingsgetränke der Jungfrau

Die Jungfrau wird auch bei ihren Getränken die leichte Variante bevorzugen. Harte Drinks sind nicht ihre Sache. Kräutertee erfreut sich bei ihr großer Beliebtheit, möglichst mit einer biologischen Mischung.

Auch feiner Schwarztee (alles aus biologischem Anbau) aus der kleinen chinesischen Tasse findet ihre stilvolle Zustimmung.

Bei den alkoholischen Getränken darf es schon einmal ein leichter Mosel oder ein lieblicher Rheingauer sein, auch ein leichter kalifornischer Chardonnay zum Spargel erfreut durchaus Herz und Gaumen der Jungfrau.

Wie ich eine Jungfrau verwöhne

• Viele Kleinigkeiten beachten!

Zuerst einmal dürfen Sie Ihrer Jungfrau nicht irgendwie daherkommen. Achten Sie also auf Ihr ordentliches Outfit und lassen Sie die sechzehnfarbige Krawatte oder den rotvioletten Schlitzrock im Schrank. Beides könnte Ihnen missbilligende Blicke der Jungfrau eintragen.

Sie sollten wissen, dass eine Jungfrau es durchaus liebt, eingeladen zu werden, zumal sie dann auch nicht zahlen muss. Das sollte Sie aber keinesfalls dazu verleiten, ein etwas „günstiges“ Restaurant auszuwählen. Ihre Wahl sollte einer kritischen optischen Prüfung standhalten. Des Weiteren sollte es gut riechen, denn die Jungfrau verfügt über eine ausgezeichnete Nase.

Wenn Sie selber zu den reichlichen Essern zählen, wird die Jungfrau nur wenig bestellen, schon um Ihnen Ihren übermäßigen Appetit zu verdeutlichen. Hier gilt es nun aufmerksam zu sein! Wenn Sie satt werden wollen, gilt es, reichlich zu bestellen, denn Sie dürfen davon ausgehen, dass die Jungfrau von Ihrem Teller naschen, naschen und nochmals naschen wird. Natürlich nur, um festzustellen, ob es auch wirklich gut ist!

Wenn Sie auf „Nummer sicher" gehen wollen, fragen Sie Ihre Jungfrau einfach nach ihrem Lieblingslokal; denn mit unangenehmen Überraschungen werden Sie ihr wahrlich keine Freude bereiten. Dagegen wird Sie Ihnen gerne in *ihr* Lokal folgen.

• Verwöhnen mit System

Wenn Sie Ihre angebetete Jungfrau verwöhnen wollen, so sollten Sie dies sehr durchdacht angehen. Überraschungen, selbst mit einem dicken Rosenstrauß, liebt eine Jungfrau nicht unbedingt. Alles sollte eher gut geplant und wohl vorbereitet sein. Bringen Sie bitte nicht ihren genau organisierten Tagesplan durcheinander – oder Sie ernten ein unwilliges Stirnrunzeln.

Montags geht sie joggen, dienstags zum Kegeln, mittwochs hat sie Literaturkreis, donnerstags lernt sie Französisch und so weiter.

Planen Sie also Ihre Verwöhnzeit rechtzeitig, melden Sie sie an und halten Sie dann die Vorgaben auch ein. Schließlich legt Ihre Jungfrau Wert auf Qualität und nicht auf Quantität!

Das Sesamstübchen

Wie schon bei der Beschreibung des Küchenverhaltens erwähnt, stehen vegetarische Leckereien bei der Jungfrau hoch im Kurs. Zudem haben vegetarische Restaurants zwei Vorteile: Erstens findet sie dort saubere Luft vor, da nicht geraucht wird; und zweitens wird ihr die saubere Atmosphäre Wohlbehagen bereiten.

Wie wäre es also mit einem Besuch im „Sesamstübchen“ oder in der „Graswurzel“?

Der romantische Abend

Es lässt sich nicht leugnen, aber bei der Jungfrau haben wir es nicht gerade mit dem gefühlsbetontesten Zeichen im Tierkreis zu tun. Die romantischen Abende bei Kerzenschein, welche die Jungfrau zu verträumten Eskapaden hinreißen, dürften dünn gesät sein.

Was aber nicht heißen soll, dass Sie diesbezüglich alle Anstrengungen aufgeben sollten. Es soll schon vorgekommen sein ...

Genießer oder Asket

Die asketische Jungfrau

Die Frage nach der Askese lässt sich bei der Jungfrau ziemlich eindeutig beantworten. Jungfrauen gehören zweifelsfrei zu den asketischen Vertretern des Tierkreises und Ausnahmen bestätigen hier eher die Regel. Allzu gesundheitsbewusst, wie sie nun einmal sind, neigen sie dazu, die Kalorien zu zählen und auf die Verträglichkeit aller Nahrungsmittel zu achten.

Es ist nicht so, dass die Jungfrau nicht gerne einmal so „richtig zuschlagen" würde, aber wahrscheinlich würde sie es mit einem schlechten Gewissen tun.

Die süße Jungfrau

Erstaunlicherweise lehnen die wenigsten Jungfrauen Süßes ab, obwohl sie genau wissen, wie ungesund es ist. Es reizt sie geradezu, so als wollten sie ihr Leben etwas versüßen. Dennoch ziehen sie nach einiger Zeit die Notbremse, um wieder zu einer gesunden Linie zurückzukehren. Zumindest gilt dies für die „typische" Jungfrau.

Kapitel 6

Kinder

Meine kleine Jungfrau

• Ohne Fleck

Kleine Jungfrauen fallen schon deshalb auf, weil sie immer wie frisch angezogen wirken. Für manche Eltern, wie etwa jene, die es mit einem kleinen Skorpion zu tun haben, scheint dies ein echtes Rätsel zu sein. Während manche Kinder den Schmutz geradezu magnetisch anziehen, stoßen ihn die kleinen Jungfrauen scheinbar mühelos ab.

Schon bei den kleinsten Jungfrauen kann man erleben, dass sie zu weinen beginnen, wenn die Hände einmal klebrig geworden sind.

• Fragen ohne Ende

Jungfrau-Kinder werden selten müde, ihre Eltern ohne Ende mit Fragen zu bombardieren. Sie sind an allem außerordentlich interessiert und jedes Detail weckt ihre Neugierde.

Als Eltern sollten Sie die Chance nutzen, in diesem Alter die kleine Jungfrau ohne Vorbehalte an die Welt heranzuziehen. Sie werden es ihr für ihr späteres Leben damit leichter machen.

Immer eine Aufgabe

Sie sollten als Eltern einer Jungfrau darauf achten, dass der oder die Kleine immer eine Aufgabe hat. Jungfrau-Kinder benötigen eine klare Vorgabe für den Tag, denn nur so können sie ihre Energie gezielt einsetzen.

Falls sie nicht genau wissen, was sie eigentlich tun sollen, werden die Kleinen unkonzentriert und zappelig. Schon eine kleine Jungfrau benötigt unbedingt die klare Orientierung.

Das schwache Selbstbewusstsein

Kleine Jungfrauen verfügen nicht unbedingt über ein ausgeprägtes Selbstbewusstsein. Sie unterschätzen leicht ihre eigenen Fähigkeiten, wobei auch das elterliche Lob nicht alle Zweifel beseitigen hilft.

Eine kleine Jungfrau, egal ob Mädchen oder Junge, muss erst am eigenen Leib erfahren, welche Begabungen in ihr stecken. Erst dann ist sie wirklich überzeugt.

Die aufmerksamen Helfer

Kleine Jungfrauen sind der ganze Stolz der Eltern. Sie sind ja sooo hilfsbereit! Bei allen alltäglichen Arbeiten greift die kleine Jungfrau mit zu und hilft Mama und Papa. Was ist die/der Kleine doch brav. Vielleicht sogar zu brav?

Schon früh werden Jungfrauen ein eigenes Bügeleisen fordern, das sie schnell souverän beherrschen. Dann waschen sie ihre Puppenkleider, bis die Farbe ausgeblichen ist.

Die kleinen Aufpasser

Nicht selten übernehmen die kleinen Jungfrauen die Aufgabe, ihre noch kleineren (und manchmal auch die größeren!) Geschwister zu betreuen oder zu beaufsichtigen. Einerseits sollte man dieses frühe Verantwortungsgefühl fördern, andererseits sollte man bei aller anscheinenden Frühreife der Jungfrau niemals deren wirkliches Alter aus den Augen verlieren.

Es wäre auch nicht empfehlenswert, eine Jungfrau zu früh zu überfordern oder ihr zu viel Verantwortung auf die kleinen Schultern zu laden.

Die Bescheidenen

Gerade unter dem Zeichen der Jungfrau finden wir viele sehr bescheidene Kinder. Zudem wirken sie sehr zurückhaltend und werden erst in einer geschützten Umgebung ein wenig auftauen. Dann kann es allerdings geschehen, dass auch eine kleine Jungfrau nicht zu bremsen ist.

Allerdings können Sie als Eltern froh sein, denn selbst einer etwas aufgekratzten Jungfrau geht niemals der gute Ton verloren. Sie wissen von ihrem Wesen her, wie sie sich zu benehmen haben.

Ab nach draußen

Auch wenn die kleine Jungfrau schon früh im Haushalt hilft, sollte man immer wieder darauf achten und selbst Anregungen liefern, damit der oder die Kleine sich nach draußen verzieht. Das Spiel im Garten schafft den dringend gebotenen Ausgleich für die nervlich immer etwas angespannten Jungfrauen. Je mehr frische Luft die kleine Jungfrau bekommt, desto besser für sie.

• Herumtoben nicht vergessen

Gerade als Eltern einer Jungfrau sollten Sie darauf bedacht sein, immer wieder einmal mit ihr ordentlich herumzutoben. Schon im frühen Alter zeigt sich bei der Jungfrau die Tendenz, sich zurückzuhalten und anzupassen. Hier könnten Sie eine Weichenstellung für die Zukunft vornehmen, die verhindert, dass Ihr Jungfrau-Sohn oder Ihre Jungfrau-Tochter als völlig angepasstes und gesichtsloses Wesen durch die Welt schleicht.

Lassen Sie die kleinen Jungfrauen ruhig einmal über die Stränge schlagen. Sie werden schon nicht gleich das Haus anzünden. Auch eine Schneeballschlacht, bei der einmal eine Scheibe zu Bruch geht, ist noch lange kein schlimmes Unglück.

Wozu gibt es denn Versicherungen? Später wird die Jungfrau diese ohnehin nicht allzu sehr in Anspruch nehmen.

• An allem interessiert

Kleine Jungfrauen verfügen über vielerlei Interessen und fangen tausenderlei Dinge an. Hier sind die Eltern gefragt. Es ist wichtig, den Kleinen früh beizubringen, auch einmal etwas zu Ende zu bringen. Beharrlichkeit zahlt sich für eine Jungfrau allemal aus.

Wenn der Kindergarten naht

Jungfrauen machen sich schon im Kindesalter allerlei Sorgen. Daher wäre es wirklich geboten, sie schon rechtzeitig vor dem ersten Kindergartentag an die neue Umgebung zu gewöhnen. Es genügt vollkommen, ihnen einen Eindruck der neuen Welt zu verschaffen, damit sie sich gedanklich schon darin einleben können.

Die Schulzeit

Immer neue Anregungen

Jungfrau-Kinder können es meistens nicht abwarten, endlich in die Schule gehen zu können. Da sie in der Regel recht intelligent sind und zudem mit viel logischer Begabung ausgestattet, suchen sie stets nach neuen Anregungen. Diese wird ihnen die Schule mit Sicherheit bieten.

Allerdings wird es ihnen in vielen Fällen nicht leichtfallen, sich an die neue Situation zu gewöhnen. Jungfrauen benötigen vielfach eine längere Eingewöhnungszeit in der Schule als etwa kleine Löwen. Die kleinen Jungfrauen sind eben zumeist etwas schüchterner und zurückhaltender.

Beliebt bei den Lehrern

Die kleinen Jungfrauen sind in der Schule sehr schnell beliebt bei ihren Lehrern. Das hängt nicht etwa damit zusammen, dass sie sich einschmeicheln wollen, sondern vielmehr an ihrem freundlichen Wesen. Zudem zeigen sie schon früh eine große Hilfsbereitschaft, sowohl dem Lehrer als auch den Mitschülern gegenüber. Diese sind ihnen allerdings nicht immer so wohlgesonnen, verstehen sie doch häufig die hilfsbereite Art der Jungfrau als versuchte Einschmeichelei oder Schleimerei.

Glücklicherweise besitzt die Jungfrau schon früh die Fähigkeit, ihre Beweggründe zu erklären und ihre Position deutlich zu machen. Sie hat immer gute Argumente!

Das alte Schulsystem

Jungfrauen können sich mit dem traditionellen Leistungssystem in der Schule gut anfreunden. Sie haben selten Mühe, sich einer bestehenden Ordnung und Schulroutine anzupassen, und werden, wenn man sie befragt, dieses Schulsystem durchaus alternativen Modellen vorziehen.

Jungfrau-Kinder und ihre Spielgefährten

Offen für Neues

Jungfrau-Kinder sind immer begierig, etwas Neues zu erfahren. Diese Offenheit geht mit einer gewissen Vorurteilslosigkeit einher, sodass die kleinen Jungfrauen sich völlig ungezwungen mit anderen Menschen befassen werden.

Kinder aus anderen Ländern, mit anderen Sitten und Gebräuchen, werden ihre Vorstellungskraft anregen und ihr Weltbild erweitern. Da die Jungfrau versuchen wird, dies alles zu verstehen, können Sie als Eltern hier den Grundstock legen, um sie zu einem aufgeschlossenen, vorurteilsfreien Menschen heranzuziehen.

Geselligkeit

Führen Sie die kleine Jungfrau schon früh an andere Menschen heran. Es wäre ein pädagogischer Fehler, die eher schüchterne und zurückhaltende Jungfrau in diesem Verhalten noch zu bestärken und sie eher im Abstand zur Welt aufwachsen zu lassen.

Viel empfehlenswerter wäre es, sie in einen Verein eintreten zu lassen. Verbände wie der „Bund für Naturschutz" wären ideale Gruppierungen für die kleine Jungfrau. Hier trifft sie auf Menschen mit gleichen Interessen; und wenn es dann noch geführte Exkursionen gibt, ist sie ganz in ihrem Element.

Früh übt sich

Gemeinsam mit anderen Kindern in den Ferien einen Töpfer- oder Malkurs zu besuchen, wird der Jungfrau gefallen. Hier kann sie ihre feinen Fähigkeiten zur Entfaltung bringen und wahrscheinlich wird sie durch die erbrachten Leistungen auf diesen Feldern glänzen.

Solche Erfahrungen sind absolut begrüßenswert für ihr schwach ausgeprägtes Selbstbewusstsein.

Die kleinen Kritiker

Kleine Jungfrauen sind, wie bereits dargelegt, immer gerne bereit zu helfen. Das gilt auch für den Kreis ihrer Schulfreunde und Spielkameraden. Allerdings sind sie manchmal schnell mit einem kritischen Urteil über andere bei der Hand: „Der ist immer so wild und laut" oder „Nie hilft die mir beim Aufräumen" sind Aussprüche, die Sie möglicherweise sehr früh bei Ihrer Jungfrau zu hören bekommen.

Wenn Sie hier nicht helfend eingreifen, können schon früh Hürden zwischen den Freunden aufgebaut werden, die im späteren Leben dann nur schwer wieder einzureißen sind.

Frühes Gegensteuern kann hier langfristig Probleme vermeiden helfen!

Kapitel 7

Freizeit

Die Reiseländer der Jungfrau

• Griechenland

Was sollte eine Jungfrau wohl mehr faszinieren als der Besuch im Mutterland der Vernunft. In Griechenland wurde das logische Denken für das Abendland geboren und natürlich wird die rationale Jungfrau eine starke Bindung an dieses Land empfinden, unabhängig davon, dass die modernen Griechen mit den alten Hellenen nur noch wenig Gemeinsamkeit aufweisen.

Dennoch findet die Jungfrau in Griechenland in Hülle und Fülle jene Ordnung und Genauigkeit, die sie so überaus liebt. Das wundervolle Gleichmaß der dorischen und korinthischen Säulen, die Majestät der Akropolis und der nie verblassende Glanz der Schule von Athen. Wenn eine Jungfrau wählen könnte, in welchem Land der Welt und in welcher Epoche sie leben dürfte, sie würde wohl ohne zu zögern das Griechenland von Sokrates und Platon wählen.

Auch in der Dichtung und Sprache schätzt die an Literatur interessierte Jungfrau die klassische Form. Vom Versmaß bis zur Rhetorik ist die Jungfrau eine Liebhaberin der griechischen Antike.

Schweiz

Wenn es irgendeinen Gegenstand gibt, von dem man sagen könnte, er sei die „Inkarnation der Idee einer Jungfrau“, so gäbe es nur einen, den man nennen könnte – die Schweizer Präzisionsuhr! Man kann geradezu die Begeisterung mitfühlen, die eine Jungfrau überkommt, wenn sie dieses Musterbeispiel von Präzision, Zuverlässigkeit und Wertbeständigkeit in der Hand hält. Zudem steht es als Symbol für Pünktlichkeit, einen Zug, den die Jungfrau überaus schätzt.

Ganz abgesehen von diesem kleinen Ausflug, sagt die Schweiz der Jungfrau ganz grundsätzlich zu. Außerdem steht dort ja auch im Berner Oberland ihr Berg – die Jungfrau. Eingerahmt von Eiger und Mönch erglänzt sie in majestätischer Pracht in einer der schönsten Landschaften der Welt.

Die Schweiz ist sauber und ordentlich, die Hotels gediegen und exquisit, die Züge fahren pünktlich und die Straßen sind in bestem Zustand. Was kann eine Jungfrau noch mehr erwarten. Vielleicht die landschaftliche Schönheit der Schweiz. Sie wird auch sie zu würdigen wissen!

Hawaii

Jungfrauen sind auf Reisen immer voller Sorge, ob auch ja alles so klappt, wie sie es geplant haben. Möglicherweise könnten sie unterwegs krank werden; deshalb haben sie zur Sicherheit immer eine bestens bestückte Reiseapotheke dabei.

Dennoch ist die Jungfrau an fremden Ländern durchaus interessiert, da sie ihren Horizont erweitern und ihre Wissbegierde stillen. Von daher bietet Hawaii eine ideale Reisemöglichkeit für die Jungfrau. Hier kann sie ein Stück einzigartige Natur erleben, aber trotzdem bewegt sie sich in geordneten Bahnen. Gepflegte Hotels, saubere Strände, gutes Essen (viel frisches Gemüse!) und notfalls westliche medizinische Betreuung. Da kann sie schon einmal einen Nachmittag einen Vulkan besuchen und sich so richtig „ins Abenteuer" stürzen!

Kurorte – überall auf der Welt

Kurorte sind geradezu ein Paradies für Jungfrauen. Hier können sie entspannen und in geordneter Umgebung ihre Nerven beruhigen. Hier wird es ihnen nach einiger Zeit gelingen, sich wirklich freizumachen von der Sorge, ob zu Hause der Herd abgestellt ist, denn inzwischen wäre das Haus ja wohl abgebrannt. Von der Befürchtung, die Hauskatze könnte in der Zwischenzeit die eine oder andere „schlechte" Maus fressen, wird sie sich allerdings nie ganz freimachen können. Aber sie wäre auch keine Jungfrau, wenn es so wäre.

Dafür kann die umfassende medizinische Betreuung ihr endlich alle Sorgen nehmen, ob Herz und Kreislauf, Magen und Darm, Haarwuchs und Falten wirklich in optimaler Verfassung sind.

Für den Kurarzt ist die Jungfrau ein äußerst dankbarer Patient. Sie wird brav alle Anweisungen befolgen und keine gut begründete Anwendung ablehnen. Gäbe es mehr Jungfrauen, gäbe es kein Kurorte-Problem!

• Kulturreisen

Der Abschnitt über die Reiseländer der Jungfrau wäre unvollständig, würde man nicht auf eine besondere Eigenart der Jungfrau eingehen. Sie liebt es, Kultur- oder Kunstreisen zu unternehmen, bei denen Wanderungen oder die Besichtigung von Kulturdenkmälern gleichzeitig mit einem kleinen kreativen Kurs gekoppelt sind. Malen auf Kreta oder Töpfern in der Toskana wäre so ganz nach dem Geschmack der Jungfrau.

Trekking im Himalaya wird sie dagegen eher dem Widder überlassen!

Die Jungfrau und ihre Hobbys

• Das karitative Element

Die „dienende Jungfrau" wird sich immer wieder eine ehrenamtliche Tätigkeit in irgendeiner der bekannten Wohltätigkeitsorganisationen suchen. Dort wird sie in ihrer Freizeit die Buchhaltung betreuen oder als Sekretärin die Korrespondenz erledigen.

Nur wenn die Jungfrau das Gefühl hat, durch irgendeinen Beitrag den Mitmenschen geholfen zu haben, wird sie sich ganz glücklich und zufrieden fühlen.

• Wandern

Die Jungfrauen wandern gerne. Es sollte allerdings nicht eintönig stundenlang durch ein Tal oder am Hang des immer gleich aussehenden Berges entlanggehen. Die Jungfrau liebt bei ihren Wanderungen die Abwechslung.

Es spielt dabei für sie keine Rolle, ob es durch das Weser Bergland oder die Vorläufer der Pyrenäen geht. Nur langweilig sollte die Landschaft nicht sein.

• Radfahren

Die sportlich nicht unbedingt zu den ganz Aktiven zählende Jungfrau besitzt Sympathien für den Drahtesel. Sie liebt es, allein oder in kleinen Gruppen Radtouren über Land zu machen.

Diesem Hobby sollte sie auch genügend Zeit widmen, da es für ihre Gesundheit außerordentlich hilfreich ist!

Nähen

Die weiblichen Jungfrauen (zumindest mehrheitlich!) nähen leidenschaftlich gerne. Dabei entwickeln sie eine große Liebe zum Detail. Patchwork-Arbeiten faszinieren sie und in ihrer Erstellung entwickeln sie eine ziemliche Meisterschaft.

Die Sammlerin

Die Sammelleidenschaft findet in der Jungfrau eine klassische Vertreterin. Es gibt zahllose Dinge, die man sammeln, ordnen, einkleben und katalogisieren kann. Danach sieht es schön aus und vor allem ordentlich.

In Briefmarken-Sammlervereinen dürften daher überdurchschnittlich viele Jungfrauen anzutreffen sein!

Die Leseratte

In Buchhandlungen sind Jungfrauen gerne und häufig gesehene Gäste. Sie entwickeln sich häufig zu wahren Leseratten. Dabei kann die Themenvielfalt von der Biografie über das Sachbuch bis hin zum Roman reichen.

Eines allerdings tut die Jungfrau nicht gerne: Sie verleiht ihre Bücher nicht oder nur widerwillig. Schließlich weiß man nie, wie man sie zurückerhält.

Die häusliche Jungfrau

• Der Schrebergarten

Neigte die Jungfrau ohnehin nicht zum Abenteurertum, so wird sie in gesetzterem Alter noch häuslicher. In dieser Lebensphase könnte der Schrebergarten eine wichtige Rolle spielen.

Sie wird ihr kleines Reich genau aufteilen und mit einem exakt ausgearbeiteten Plan bewirtschaften. Vorrangig wird sie Gemüseanbau betreiben. Natürlich biologisch. Außerdem ist das ein netter Nebenverdienst!

• Volkshochschule

Eine Jungfrau wird geistig nie einrosten. Sie ist immer hellwach und an den Veränderungsprozessen in der Gesellschaft interessiert. Weiterbildung wird für sie großgeschrieben.

So kann eine Jungfrau auch in späteren Jahren noch eine neue Sprache erlernen, einen Computerkurs belegen oder Kunstgeschichte studieren.

• Kreuzworträtsel

Wenn es sich um eine ganz häusliche Jungfrau handelt, könnte sie möglicherweise eine starke Liebe zu schwierigen Kreuzworträtseln entwickeln. Vielleicht wird sie sogar Mitglied in einem Kreuzworträtsel-Klub.

Persönliche Notizen:

Kapitel 8

Der Mond und die Tierkreiszeichen

Allgemeines über den Mond

Der Mond benötigt knapp achtundzwanzig Tage (genau 27,32), um einmal um die Erde zu ziehen. Die gleiche Zeit braucht er, um sich einmal um die eigene Achse zu drehen.

Da der Mond selbst kein Licht abstrahlt, reflektiert er lediglich das Licht der Sonne. So hängen die sogenannten „Mondphasen" (Neumond, abnehmender Mond, Vollmond und zunehmender Mond) von seiner Position zu Erde und Sonne ab.

Wenn man davon spricht, dass z. B. der Mond eines Menschen im Widder steht, so ist damit der Stand des Mondes im Augenblick der Geburt dieses Menschen gemeint. Sie können diese Information Ihrem persönlichen Horoskop entnehmen, das Sie sich von einem Astrologen erstellen lassen, oder aus den gängigen Mond-Tabellen Ihres Geburtsjahres.

Neben dem Mond im persönlichen Horoskop gibt es natürlich noch die Mondphasen des täglichen Erdenlebens. Sie können also den Mond in Ihrem Horoskop im Schützen stehen haben, der heutige Tag dagegen zeigt den Mond in der Jungfrau. Sie können den täglichen Stand des Mondes leicht anhand der vielen Mond-Tabellen für das laufende Jahr ablesen.

Wer hat nicht schon einmal eine schlaflose Vollmondnacht verbracht oder anderweitig den Einfluss des Mondes gespürt? Wenn man etwa Kartoffeln an Tagen erntet, an denen der Mond im Stier steht, wird man feststellen, dass diese länger als im Vorjahr eine glatte Haut bewahren. Es empfiehlt sich zudem in

Gesundheitsfragen, etwa bei anstehenden Operationen, den Stand des Mondes zu beachten. Es wäre durchaus ratsam, einen anstehenden Zahnarzttermin um ein paar Tage zu verschieben!

Im nachfolgenden Text wird zuerst der Mond im Horoskop behandelt, danach der Einfluss des Mondes im täglichen Leben. Beides ist so leicht zu unterscheiden.

Der Mond im Widder

Unter dieser Konstellation finden wir Menschen, die mit ihrer ehrlichen Meinung nicht „hinter dem Mond" halten. Es sind die entschlossenen, mutigen Menschen, die ihre Unabhängigkeit sehr schätzen.

Allerdings kann es ein Problem mit ihrer Gereiztheit geben. Sie reagieren auf ein unglücklich gewähltes Wort schon einmal mit einem spontanen Wutausbruch.

Menschen mit einem Mond im Widder können, wenn sie unglücklich sind, eine unangenehme sarkastische Neigung entwickeln.

Frauen, die einen Mond im Widder haben, können starke männliche Anteile aufweisen, wenngleich es sich nicht gleich um militante Blaustrümpfe handeln muss!

Im täglichen Leben

Wenn der Mond im Widder steht, sind die Menschen häufig gereizter als normalerweise. Auch im Straßenverkehr tippt der Finger öfter an die Stirn als an anderen Tagen. Zudem ist Vorsicht an Kreuzungen angesagt!

Obwohl in der Regel an solchen Tagen die Dinge leichter von der Hand gehen, sollten Sie sich vor Stress hüten. In diesem Fall wären Kopfschmerzen vorprogrammiert.

Mit dem Mond im Widder haben Sie die Chance schlechthin, bei Ihrem Chef wegen einer Gehaltserhöhung vorstellig zu werden. Vorwärts – dem Mutigen gehört die Welt!

Sollten Sie ein freudiges Ereignis planen, so ist die Wahrscheinlichkeit, dass es ein Junge wird, sehr groß!

Wenn Sie gerne im Garten arbeiten, sollten Sie jetzt die Bäume beschneiden; auch das Düngen von Gemüse kann auf keinen besseren Zeitpunkt fallen. Gemüse, das schnell geerntet werden soll, stecken Sie am besten heute in die Erde. Vor allem die Tomaten sollten Sie unbedingt dann setzen, wenn der Mond im Widder steht.

Der Mond im Stier

Die treuesten Seelen haben ihren Mond im Stier. Diese Menschen lieben die Behaglichkeit und Ruhe, denn sie sind unbedingt wichtig für ihren Seelenfrieden. Es sind sinnliche Ästheten, die allerdings ihre gewohnten Lebensrhythmen benötigen. Sie werden gerne verwöhnt, aber sie verwöhnen auch gerne andere. Sie haben eine feine Nase und die guten Düfte regen den Appetit an. Daher sind Menschen mit dem Mond im Stier nicht selten übergewichtig.

Der Stier ist ein Gewohnheitstier und Menschen mit dem Mond im Stier neigen zu ausgeprägten Gewohnheiten, die manchmal in einer ermüdenden Monotonie und Langeweile enden können. Dann werden sie richtig schwerfällig.

Im täglichen Leben

Wenn der Mond im Stier steht, beherrschen die langsamen Tätigkeiten den Tagesablauf. Es wird um Dinge gehen, die eine lange Ausdauer erfordern. Dafür werden Sie sich harmonisch und ausgeglichen fühlen, was die Arbeit erleichtert.

Steht der Mond im Stier, sollten Sie keine Mandel- oder Halsoperationen vornehmen lassen. Es würde Ihnen nicht gut bekommen!

Wollen Sie ein neues Haus kaufen oder einen Mietvertrag unterschreiben, dann warten Sie bitte, bis der Mond den Stier wieder verlassen hat. Sie könnten sich viel Ärger ersparen!

Sollten Sie heute vor einem freudigen Ereignis stehen, seien Sie sicher – es wird ein Mädchen.

Ruft Sie der Garten, sollten Sie jetzt dem Ungeziefer im Erdreich auf die Pelle rücken. Heute könnten Sie den Biestern richtig zusetzen!

• Der Mond in den Zwillingen

Kennen Sie nicht auch jemanden in Ihrem Freundeskreis, dessen Redefluss kaum zu stoppen ist? Die Chancen stehen gut, dass er seinen Mond in den Zwillingen hat.

Solche Menschen benötigen einen regen Gedanken- und Gefühlsaustausch und geraten immer wieder in Situationen, die sie äußerst anregend finden.

Mit dem Mond in den Zwillingen haben wir einen vielseitigen, spritzigen und unternehmungslustigen Menschen vor uns, der immer wieder auch Schwung ins Leben anderer Menschen bringen kann. Gelegentlich wird Menschen mit dieser Konstellation unterstellt, sie seien oberflächlich; aber Sie werden kaum einen interessanteren Gesprächspartner finden.

Wenn Sie dringend eine Nachricht übermitteln müssen, das Telefon aber dauernd besetzt ist, dann quasselt an der anderen Leitung ein Zwillings-Mond. Fassen Sie sich in Geduld, es kann lange dauern!

Im täglichen Leben

Es ist die richtige Zeit, um neue Kontakte zu knüpfen. Wollten Sie nicht schon immer die netten neuen Nachbarn zum Essen einladen? Vielleicht sollten Sie auch etwas Lustiges, Ungewöhnliches für den Abend planen. Wie wäre es mit einem aufregenden Blind-Date?

Sie können mit dem Mond in den Zwillingen aber auch brav zu Hause sitzen und Ihren Studien nachgehen. Die Zeit dafür ist günstig.

Auch Briefe, die schon lange auf eine Antwort warten, könnten jetzt in Angriff genommen werden.

Ein glückliches Ereignis? Heute wird es ein Junge!

Ist Hausputz angesagt, werden die Fenster heute mehr glänzen als sonst, obwohl die ganze Sache scheinbar mühelos abläuft. Lassen Sie sich jetzt nicht stoppen; es ist die richtige Zeit, um wieder einmal die ganze Wohnung kräftig durchzulüften.

Im Garten sollten Sie jetzt rankende Pflanzen säen.

Der Mond im Krebs

Die Krebs-Monde kennzeichnen die ganz zart besaiteten Wesen des Tierkreises. Sie nehmen alle Einflüsse auf wie ein feuchtes Tuch. Es sind Menschen mit einer ausgeprägten Feinfühligkeit, die aber gepaart ist mit außerordentlicher Launenhaftigkeit.

Mit dem Mond im Krebs braucht es enorm viel Geborgenheit, sonst gibt es Probleme. Mit dieser Konstellation kann es auch eine starke Furcht vor dem Unbekannten geben, und daraus entstehend eine gewisse Unbeweglichkeit.

Menschen mit dem Mond im Krebs sind ausgesprochen liebevoll und lesen ihren Mitmenschen alle Wünsche von den Lippen ab. Allerdings können sie sich auch stark anklammern und festhalten.

Im täglichen Leben

Heute sollten Sie Besuch einladen und ihn verwöhnen, er wird es Ihnen danken. Servieren Sie aber kein schweres Essen, denn an diesen Tagen ist der Magen sehr empfindlich!

Lassen Sie die Seele baumeln, denn es ist nicht unbedingt die Zeit, um Bäume auszureißen und Berge zu versetzen. Es ist besser, Sie widmen sich Ihrer Familie.

Sollten Sie sich jetzt einsam fühlen, nehmen Sie sich selbst nicht zu ernst, in wenigen Tagen oder Stunden schaut die Welt schon wieder ganz anders aus; denn es ist keine schlechte Zeit für den Beginn einer neuen romantischen Liebe. Allerdings sollten Sie sich vor zu großer Empfindlichkeit hüten. Dafür ist später auch noch Zeit!

Ein glückliches Ereignis – heute wird es ein Mädchen!

Sollten Sie nicht gerade dem Hausputz frönen, packen Sie Ihre Sachen, gehen schwimmen und anschließend in die Sauna, es ist genau der richtige Zeitpunkt für solche Aktivitäten.

Und weil wir schon bei den feuchten Aktivitäten sind, heute ist ein guter Waschtag. Die hartnäckigen Flecken können Sie heute endlich entfernen!

• Der Mond im Löwen

Die Löwe-Monde sind die Menschen mit dem sonnigen Gemüt. Sie können jugendlich verspielt sein; und sie sind großzügig in allen Lebensbereichen. Sie sollten aber beachten, dass diese Menschen im Mittelpunkt stehen wollen, das ist für sie sehr wichtig!

Sie strahlen viel Herzenswärme aus und verfügen über einen angeborenen Beschützerinstinkt. Sie werden auch feststellen, dass die Löwe-Monde ganz automatisch eine Führungsrolle einnehmen und sich damit ganz prächtig fühlen. So wollen sie es haben! Für ihre Mitmenschen ist dieses „Ich-bin-so-toll"-Gefühl allerdings nicht immer leicht zu ertragen und die Arroganz der Löwe-Monde ist manchmal schwer auszuhalten.

Im täglichen Leben

Munter hinein ins Vergnügen! Feste, Partys und sportliche Aktivitäten werden unter dieser Konstellation großgeschrieben. Sie sollten allerdings darauf achten, es nicht zu übertreiben. Es gibt Seitensprünge, die einem später Kopfschmerzen bereiten!

Wenn Sie unter das Messer müssen, dann bitte heute keine Herzoperationen. Überhaupt sollten Sie bei dieser Mond-Konstellation auf Herz und Kreislauf achten!

In Ihrem Umfeld können Sie heute Ihre Kompetenz beweisen. Stellen Sie also gerade heute Ihr Licht nicht unter den Scheffel!

Wenn Sie ausgehen wollen, wären Oper oder Theater die erste Wahl.

Ein freudiges Ereignis geplant? – Heute wird es ein Junge!

Und nicht vergessen: Heute Körperpflege betreiben und vor allem Haare schneiden. Sie werden überrascht sein!

• Der Mond in der Jungfrau

Die Ordnung hält Einzug. Es findet sich Systematik und sorgfältige Planung in allen Lebensbereichen.

Menschen mit dem Mond in der Jungfrau zählen zu den „Dienern des Lebens“. Sie betrachten andere und stellen fest, dass sie selbst nur an zweiter Stelle stehen. Manchmal kommt dann Neid auf, aber letztlich siegt die Vernunft.

Unter dieser Konstellation kann es zu einer gewissen Kritiksucht kommen, die äußerst unangenehm auf die Mitmenschen wirkt. Zudem kommen die Jungfrau-Monde mit einer gewissen distanzierten Kühle daher, was sie etwas unnahbar wirken lässt. Oft findet sich dahinter aber eine große Tiefe und Gefühlsintensität. Wenn sie sich öffnen könnten und spontaner wären, würde sich das Leben von einer leichteren Seite zeigen.

Im Körper können sich die Eingeweide und die Nerven melden – es ist dann Zeit zum Entrümpeln der Psyche. Frisch und mutig an die Arbeit!

Im täglichen Leben

Es ist wahrlich nicht der Tag für die romantischen Treffen bei Kerzenschein. Der Besuch bei der alten Tante im Altersheim ist angesagt – sie wird es Ihnen danken. Dienen ist Trumpf!

Besser, Sie schaffen heute Ordnung oder belegen einen Kochkurs, denn es ist nicht die Zeit für spontane Einfälle! Wartet nicht schon lange Ihre Steuererklärung auf Sie?

Ein freudiges Ereignis geplant? – Es wird ein Mädchen!

Im Haus sollten Sie die Haare schneiden; draußen die Balkonpflanzen setzen. So ist die Zeit gut genutzt!

• Der Mond in der Waage

Die Zeit der Aussöhner und Schlichter ist gekommen! Die Waage-Monde sind geradezu süchtig nach Harmonie. Bei Streiks sollten die Schlichter grundsätzlich nur mit einem Waage-Mond zugelassen werden!

Im Körper kann es bei dieser Mond-Stellung zu starken Hautreaktionen kommen, auch die Nieren sollten im Auge behalten werden.

Es sind Menschen, die der Schönheit sehr zugeneigt sind. Häufig finden wir hier auch äußerst begabte Künstler, die allerdings Schwierigkeiten haben, sich genau festzulegen. Die Waage pendelt immer hin und her. Waage-Monde müssen lernen, sich zu entscheiden und Abhängigkeiten zu vermeiden.

Im täglichen Leben

Gehen Sie Ihren gesellschaftlichen Interessen nach und genießen Sie das Leben. Es ist die richtige Zeit für einen Stadtbummel.

Heute ist das Selbstbewusstsein etwas schwach ausgeprägt und Entscheidungen fallen Ihnen schwerer als sonst. Warten Sie einfach, bis der Mond in den Skorpion wechselt. So lange dauert das ja nicht!

Verschönern Sie inzwischen Ihre Wohnung. Sie werden sie selbst nicht wiedererkennen.

Wenn Sie nach draußen gehen oder im Haus herumrennen, vergessen Sie die warmen Socken nicht, Ihre Blase wird es Ihnen danken!

Ein freudiges Ereignis geplant? – Es wird ein Junge!

Der Mond im Skorpion

Die Skorpion-Monde haben ein ausgeprägtes Durchsetzungsvermögen, das bis zur Rücksichtslosigkeit gehen kann. Sie sind entschlossen und bevorzugen große Unabhängigkeit in ihrem Gefühlsleben. Es sind oft sehr verschlossene Menschen, die aber durch ihr Wesen die Belastbarkeit und Gefühlswelt ihrer Mitmenschen prüfen. Sie können gar nicht anders; und sie kennen dabei keine Grenzen.

Mit dem Mond im Skorpion haben Sie die Gabe, unbewusst die Fehler Ihrer Mitmenschen zu erfühlen und direkt zur Sprache zu bringen. Das macht Sie nicht unbedingt zu jedermanns Liebling!

Die Skorpion-Monde sind faszinierende, geheimnisvolle Menschen, die man nie ganz versteht. Daher kommt der Ausdruck vom Skorpion-Blick, der tief in die Seele zu schauen scheint. Aber man kann nicht in die gleiche Tiefe zurückschauen!

Im täglichen Leben

Haben Sie bestimmte Gefühle lange verdrängt, so kommen diese an Skorpion-Tagen an die Oberfläche und machen Ihnen und anderen zu schaffen. Trotzdem können Sie heute alle anstrengenden Arbeiten gut erledigen.

Achtung: Heute ist alles explosiver als sonst – auch im Bett!

Skorpion-Tage sind gut für Füllungen beim Zahnarzt, wobei es möglichst zunehmender Mond sein sollte! Auch die Dauerwelle hält heute einfach länger und strapaziert die Haare weniger. Es sollte sich auch möglichst zunehmender Mond am Himmel zeigen.

Ein freudiges Ereignis geplant? – Es wird ein Mädchen!

Im Garten reagieren die Pflanzen an diesen Skorpion-Tagen besonders gut auf den Dünger; allerdings sollte dabei abnehmender Mond sein.

Der Mond im Schützen

Menschen mit dieser Mondstellung suchen nach dem Sinn des Lebens. Sie sind erfüllt von einem ausgeprägten Idealismus und für die „wahre" Sache setzen sie sich mit allen Kräften ein. Sie fühlen sich in der Welt der Philosophie zu Hause.

Sie verfügen über die Fähigkeit, andere durch ihren Idealismus mitzureißen, ohne dabei auf ihre Überredungskünste zurückgreifen zu müssen. Sie überzeugen einfach durch ihr Dasein!

Es sind freie Seelen, denn die Freiheitsidee ist ihnen schon in die Wiege gelegt worden! Manchmal sind ihre Höhenflüge allerdings unrealistisch; doch ohne sie könnten die Schützen-Monde einfach nicht leben.

Im täglichen Leben

Wenn Sie eine interessante Kurzreise planen – jetzt ist der richtige Zeitpunkt. Auch für schwierige Gespräche ist jetzt ein guter Zeitpunkt, denn Toleranz ist angesagt. Wollten Sie nicht schon lange Ihre „geliebte" Schwiegermutter anrufen?

Hüten Sie sich vor zu großen Versprechungen; denn wenn der Mond in den Steinbock wandert, schaut die Welt schon wieder ganz anders aus!

Es ist ein Tag, um nach innen zu gehen und über die großen Lebensfragen zu meditieren. Heben Sie aber bitte nicht ab!

Vielleicht wollen Sie sich auch um einen neuen Job bemühen oder nur eine Gehaltserhöhung fordern – heute ist Ihr Tag!

Wenn Ihnen nichts anderes einfällt, dann gehen Sie einfach wieder einmal ins Museum oder rufen einen vernachlässigten Freund an. Dann ist die Zeit genutzt.

Ein freudiges Ereignis geplant? – Es wird ein Junge!

Im Garten sollten Sie, bei abnehmendem Mond, den Rasen mähen oder das Gemüse düngen.

• Der Mond im Steinbock

Menschen mit dieser Mondstellung unterliegen einem inneren Ehrgeiz, der sie einem starken Druck aussetzt. Sie legen an sich selbst enorm strenge Maßstäbe an, denen sie dann manchmal selbst nicht gewachsen sind. Sie wirken unnahbar, da sie ihr Gefühlsleben sehr stark kontrollieren. Es handelt sich bei dieser Konstellation um Einzelkämpfer, die allein sich selbst Vertrauen schenken. Ihre Gefühlswelt scheint gar nicht zu existieren, daher wirken sie auf andere kalt und fast wie erstarrt.

Für Steinbock-Monde wäre es lebenswichtig, aus einer selbst angelegten Zwangsjacke auszubrechen und sich zu befreien!

Im täglichen Leben

Wollen Sie eine Lebensversicherung abschließen, so ist diese Mondstellung eine hervorragende Ausgangslage.

Es ist nicht gerade eine Zeit für ausgelassene Feste, Pflichten sind eher angesagt. Da aber gegenwärtig die persönlichen Wünsche und Sehnsüchte ohnehin nicht im Vordergrund stehen, lässt sich alles bewältigen.

Zudem wird man an diesen Steinbock-Mondtagen ohnehin nicht leicht unter Ermüdung leiden.

Haut und Nägel sollten bei abnehmendem Mond gepflegt werden, auch die Zahnreinigung wäre keine schlechte Geschichte. Ab zum Zahnarzt!

Ein freudiges Ereignis geplant? – Es wird ein Mädchen!

Im Garten ist Unkrautjäten bei abnehmendem Mond angesagt; bei zunehmendem Mond sollte dagegen umgetopft werden!

• Der Mond im Wassermann

Hier treffen wir die Weltverbesserer, denn die Menschen mit dem Mond im Wassermann sind mit einem starken Gerechtigkeitssinn ausgestattet. Freiheit ist die Grundstimmung, die ihr Leben prägt und auf der sie alle Aktivitäten aufbauen. Sie schneiden die alten Zöpfe ab und leiten Reformen ein.

Es können ruhelose Geister sein, die innerlich ständig angetrieben werden und auf der Suche nach der Wahrheit sind. Ihre rastlose Suche lässt sie aber Ideen für eine neue Zeit entwickeln. Darunter kann dann auch schon einmal eine „verrückte" Idee sein.

Mit dem Mond im Wassermann sind Sie ständig auf Achse. Langeweile und Eintönigkeit bringen Sie um! Sie brauchen das Ungewöhnliche zum Leben.

Durchblutungsstörungen und Kreislaufprobleme sollten Sie bei dieser Mond-Stellung ernst nehmen!

Im täglichen Leben

Es ist die Zeit für Teamarbeit! Gemeinsame Ideen können ein fantastisches neues Projekt auf den Weg bringen.

Vielleicht wollen Sie aber auch nur den Keller entrümpeln oder die Fenster putzen. Bei abnehmendem Mond wären das die richtigen Aktivitäten!

Joggen oder Tanzen könnten Ihnen auch zusagen, denn die Energie stimmt!

Bei zunehmendem Mond können Sie auch an die neuen Zahnfüllungen denken. Jetzt passen sie!

Ein freudiges Ereignis geplant? – Es wird ein Junge!

Im Garten können Sie bei Vollmond und bei abnehmendem Mond die Blumen düngen.

• Der Mond in den Fischen

Menschen mit einem Fische-Mond zeichnen sich durch eine liebevolle Aura aus, die es anderen Menschen erleichtert, ihnen Vertrauen zu schenken. Sie strahlen Freundlichkeit und Hilfsbereitschaft aus, die gerne in Anspruch genommen werden.

Es sind tiefe Seelen, deren unergründliche Seelenwelten von der Außenwelt oft nicht erkannt werden, da sie sich ganz in ihrer eigenen Welt abspielen. Der innere Ozean der Fische-Menschen!

Unter allen Mond-Typen sind sie die feinfühligsten, daher haben sie die größten Probleme mit dem Leiden anderer. Ähnlich den Krebs-Monden können sie sich nur schwer abgrenzen.

Manchmal versäumen sie vor lauter Träumerei das „richtige" Leben. Sie müssen Boden unter den Füßen fassen und ihr Selbstvertrauen verbessern.

Im täglichen Leben

Das große Gefühl ist angesagt. Nehmen Sie sich alle Taschentücher und schauen Sie sich im Kino die großen Liebesschnulzen an. Es ist die richtige Zeit, um sich total auszuheulen!

Instinkte und Gefühle bestimmen in diesen Tagen alles Leben; und Sie werden auch spüren, wenn jemand Ihre Hilfe benötigt. Heute können Sie diese ganz mühelos verschenken.

Entspannungsübungen und Massagen werden sich jetzt als besonders wirksam erweisen.

Waschen und Saunabesuche sind bei abnehmendem Mond anzuraten; auch ein Zahn könnte, wenn es denn sein muss, jetzt gezogen werden.

Ein freudiges Ereignis geplant? – Es wird ein Mädchen!

Kapitel 9

Berühmte Jungfrauen

Berühmte Frauen

• Greta Garbo *(geb. 18.9.1905)*

Eine der geheimnisvollsten Jungfrauen überhaupt. Sie war hochbegabt und extrem menschenscheu. Lange Jahre lebte sie mit einem der „Päpste" für gesunde Ernährung zusammen und zeigte sich nur selten in der Öffentlichkeit.

• Ingrid Bergmann *(geb. 29.8.1915)*

Auch sie war eine der geheimnisvollsten Frauengestalten des 20. Jahrhunderts. Scheu und unergründlich wie die Figuren in ihren großen Filmrollen.

• Claudia Schiffer *(geb. 25.8.1970)*

Claudia Schiffer verkörpert den Typ der modernen Jungfrau. Auch sie ist nicht eine Person, abgesehen von ihrer beruflichen Popularität, die mit allen Mitteln (sprich Skandälchen) die Öffentlichkeit sucht. Nicht nur beruflich bedingt achtet sie sehr auf ihre Ernährung.

• Agatha Christie *(geb. 15.9.1890)*

Die skurile englische Kriminalautorin liebte die unerwartete Pointe. Ihre Helden wirkten immer aus der Verborgenheit, so wie sie selbst auch, und verfügten über einen brillanten Verstand.

Berühmte Männer

Graf Leo Tolstoi *(geb. 9.9.1828)*

Eine der bedeutendsten Gestalten Russlands. Sehr zurückgezogen lebend, beeinflusste er trotzdem auf vielen Gebieten das Schicksal seines Landes. Er war einer der Vorkämpfer für den Tierschutz und eine vegetarische Lebensweise.

König Ludwig II. von Bayern *(geb. 25.8.1845)*

Eine der begabtesten, aber innerlich zerrissensten Jungfrauen der Zeitgeschichte. Sehr zurückgezogen lebend, wollte er die an ihn herangetragene politische Verantwortung nicht annehmen, sondern weihte sein Leben eher den schönen Künsten. So wurde er, der zu Lebzeiten als größter Verschwender Bayerns kritisiert wurde, wahrscheinlich zum Ursprung für Bayerns größte touristische Einnahmequelle!

• Johann Wolfgang von Goethe
(geb. 28.8.1749)

Der größte deutsche Dichter, der zugleich auch ein bedeutender Staatsmann war. Er liebte es, aus dem Hintergrund die Fäden zu ziehen (Geheimrat!). Manchmal entließ er sich aus seinen rationalen Zwängen und schlug in „Auerbachs Keller" über die Stränge – mit Weißwein!

• Richard Gere *(geb. 31.8.1949)*

Richard Gere zählt zu den feinsinnigsten Schauspielern Hollywoods. Er gründete eine Aids-Stiftung, engagiert sich in zahlreichen Menschenrechts-Organisationen und ist einer der bedeutendsten Helfer des Dalai Lama und der Exil-Tibeter. In Amerika nennt man ihn schon „den guten Menschen von Hollywood".

Die Autoren

Petra Michel (Sternzeichen: Krebs, Aszendent: Löwe, Mond: Skorpion). Physikstudium, danach führende Stellung in der deutschen Industrie. Langjähriges Astrologiestudium, unter anderem bei Huber und Claude Weiss. Heute Leiterin eines Verlages in den USA.

Annette Wagner (Sternzeichen: Krebs, Aszendent: Schütze, Mond: Zwillinge). Eurythmiestudium, danach Tätigkeit in der Wirtschaft. Langjähriges Astrologiestudium. Seit zehn Jahren Prokuristin in der Verlagsindustrie.

Dr. Peter Michel (Sternzeichen: Krebs, Aszendent: Löwe, Mond: Schütze). Studium der Philosophie, Theologie und Religionswissenschaft, danach Gründung des Aquamarin Verlages. Autor zahlreicher Sachbücher zu den Themen Mystik und Esoterik.

Genehmigte Lizenzausgabe
tosa GmbH
Fränkisch-Crumbach 2011
www.tosa-verlag.de

Layout, Satz und Umschlaggestaltung:
SAMMÜLLER KREATIV GmbH

ISBN 978-3-86313-006-0